ママにはなれないパパ

鈴木おさむ

Dad can't be Mam.
by Osamu Suzuki

はじめに

鈴木おさむです。僕の妻は女芸人、森三中の大島美幸と言います。２００２年に交際０日で結婚してしまった僕らですが、妊活を経て、２０１５年６月22日に、息子、笑福（えふ）を授かり、父親と母親になることが出来ました。

僕は放送作家業を中心に仕事をしているのですが、子供が生まれたタイミングで、メインにしていた放送作家業をほぼお休みし、育児に向き合うことにしました。

子供が０歳から１歳になっていく姿を毎日見ることが出来、色々な発見がありました。

息子は３歳になりました。

この本は子供が生まれてから３歳になるまで、父親目線で育児とか子供のことを見てきて気づいたことの記録であります。

世の中に母親目線の育児本、育児日記とか沢山ありますが、父親目線ってあまりありませんよね？

育児に向き合って、母親の凄さに沢山気づけました。そして思うわけです。「パパはママにはなれない」ということに。

もちろん。色んな理由で父親一人で子供を育てている人もいます。そんな父親はすごいっす。ママの分までパパがやるわけですから。すごすぎます。

これは僕が子供と向き合うことで気づいたこと。育児の大変さ、しんどさ、そして、自分の無力さ。そして子供を授かるという素晴らしさ。

子供を授かることによって変わっていく家族のカタチ。夫婦のカタチ。幸せのカタチ。

ママさんたちには、あるあると笑ってもらったり共感してもらったり、男って駄目だなとダメ出し気分で読んでもらったり。

そして出来れば、パパさんにこれを読ませてもらったり。

というわけで、父親目線の育児記。

始まります。

鈴木おさむ

ママにはなれないパパ

Dad can't be Mom.

Contents

もくじ

第1章 0歳〜1歳

第2章　1歳〜2歳

ママにはなれないパパ

Dad can't be Mom.

Contents

もくじ

第3章 2歳~3歳

装丁　清水肇［prigraphics］
装画　添田あき

Chapter 1

0歳〜1歳

父親になる勉強、「父勉」のために、育休。

僕は放送作家という仕事をしています。テレビの放送作家業と、それ以外の仕事もさせてもらっています。メインはテレビの放送作家業なんですが、思い切って、この機会に、テレビの放送作家業を、約一年、休ませてもらうことにしました。そうするとかなり時間が出来ます。

僕はテレビで20本以上の番組を担当していたので、色んな局の沢山のスタッフに協力していただき、これを実現することが出来ました。

今から10年ほど前、とあるディレクターが、バリバリ仕事マンだったのに、子供が産まれていきなり一年間休みを取ったのです。0歳の頃に近くにいてあげたいと。その人は僕に言ってました。「この時期に自分の子供の近くにいられることは、こういう仕事をしてるからこそ大切だと思う」と。

その人が育休を終えて戻ってきたときに、なんか格好良く見えたんです。自分の中での順番がはっきりして生きてるなと。大切なものがなにかを自分の中ではっきりさせて生きてるなって。それって意外と出来てる人少ない。みんなぼやかして生きている。

育休を実行したディレクターさんの言葉がずっと胸にひっかかってました。だから、妻の妊娠中にずっとこのことを考えていまして、実行することにしました。これを出来ることがどれだけ贅沢なことか、感じております。

世の中には、育休を取りたくても取れない人も沢山沢山いて、会社に男性の育休制度はあっても、それを取ると有給の休みではなく、お金も出なかったり。男性が育休を取ろうとすると、出世に響くなんてことを言われる会社もあるとか。

そして、僕の妻は芸人であり、森三中というトリオを組んでいる芸人です。妻が望むならば、ゆっくりでいいから仕事に復帰させてあげたいと思っています。だからこそ、自分が、仕事を一気に減らして休みを取ることで、そのアシストも出来るかなと思っています。

ほっておくと、僕は昼に仕事に行き、夜中に戻ってきて、朝方まで台本書いて、また昼に仕事に行くということの繰り返しになります。忙しいルーティーンの中であっという間に10年とか経っちゃうんじゃないかと思います。だから、ここで思い切って、仕事の仕方も見つめなおす必要があるんじゃないかと。それが出来る環境であることがありがたいのですが。休むことによって、テレビをオンタイム（放送している時間に見られる）視聴することによって、テレビの見方が変わり、一年後、放送作家業に戻った時に、またいい影響が出ると思っています。

僕は育休という言葉が個人的には好きじゃなく、父親になることを勉強するから「父勉（ちちべん）」という言葉を勝手に作って言ってます。「父勉」のためにお休みをいただくと。

男性が会社で「育休のために休む」とは言いにくいけど、「父勉」だったら言いやすくて、先輩の上司が「お前子供産まれたんだろ？　父勉、やってこい」みたいな会社とかができたらいいなと思ったりしてます。

まずは、一年間。父勉のために仕事をグッと減らして。妻と子供と向き合い、父親になることを勉強し、子供を育てながら、自分が一番成長しなければいけないと思っています。

そしてなにより妻と向き合える時間が増えるのが嬉しいです。

育休を経て、自分の大切な順番がはっきりとなったあのディレクターのように。今、僕の中での順番。妻は子供が一番、僕が二番でしょう。僕にとって当たり前ですが、子供は大切。宝です。ですが、僕の中では、愛している順番は妻が一番、息子は二番。もちろん息子のことは命がけで守ります。順番なんぞそもそもつけるものじゃないと言われるかもしれませんが、その気持ちでいますし、それを子供に伝えたいと思っています。

そしていつか、息子が僕と同じように、妻を一番だ！　と言い切れるような相手と出会って、その人を全力で愛することができることを願って育てます。

なので僕は夜、家に帰ったら、寝室に入り、まず寝ている息子の頭をなでるのではなく、寝ている妻の手を握り、妻の頭をなでて、そしてその次に息子の頭をなでるようにしています。それが夫婦にとってはすごく大切な気がして。

交際0日で結婚した僕たちは、13年目で、子を授かり、これから大きく変わろうとしています。

子供の成長ももちろん楽しみですが、子供を産んだ芸人・大島美幸が母親としてどう変化していくかがとてもとても楽しみです。

一日一日を大切に。悲しいことも怒れることも、いつか笑いの種になると信じて。笑うかどには福きたる。

父の気づき

出産によって変化する、夫婦の距離と位置。

どのように変わっていくか、しっかり記憶したい。

「母乳神話」の深い意味なんて、考えたこともなかった。

息子、笑福が2015年6月22日に生まれ、それから5日後、妻と息子は退院し、鈴木家に新たな家族として笑福がやってきました。妻のお母さんも一カ月、完全アシスト。妻は色んな人から退院後、「大けがをした後だと思って、絶対ゆっくりしなきゃダメだよ」と言われていました。出産とはそのくらいのことだと。

笑福が家に来た初日。僕は仕事があり、家に帰ると、お母さんと妻がミルクを飲ませていました。目の前で子供が産まれるところを見たと言っても、正直、自分に子供が出来たという現実感があまりない。

リビングでは生まれたばかりの子供が泣いていて、妻とお母さんが慌ただしくしている。昨日までと全く違う光景が繰り広げられていることについていけてない感じがする。

これって、おそらく旦那さんあるあるなのではないかと思う。

出産後、入院している間に、妻は助産師さんに母乳の出し方を教わっていた。病院にいる間に、母乳がちょっと出るようになって、飲ませることが出来ていたので、安心している自分がいた。だが、家に帰ってきての初日。助産師さんのアシストがないと、うまく母乳を出せず、息子も乳首をくわえてくれない状況になった。なんとか母乳を飲ませたいと思う妻ですが、思うようにいかず、お母さんがミルクを作って飲ませた。

初日の夜、噂通り、2時間ほどたつと、息子は起きて大声で泣く。叫ぶという感じだろうか。

僕が深夜にお風呂から出てくると、寝室で妻が一人泣いていた。手元に息子の姿がない。リビングでお母さんが泣いてる息子にミルクを飲まそうとしてあやしている。息子が泣くのはわかるが、なぜに妻が泣いてるのか。しかも人が悲しんだ時に見せる大粒の涙を流している。なぜに泣くのか、理由を尋ねると。「自分が情けない」「笑福に申し訳ない」と言っている。息子が母乳を求めて泣いているのに、母乳を出すことが出来ない。息子にうまく吸わせることが出来ずに、泣いている息子を見たら申し訳ない気持ちでいっぱいになり、涙が溢れてきたというのだ。母親として、息子にやるべきことが出来てないという悔しさ、寂しさ、悲しさ。これ、あとから聞いたら、同じ体験をしたママが何人もいて驚きました。

僕は出産したら母乳なんて簡単に出ると思っていた。あるタレントが、子供を産んだ後にテレビで「私は完全母乳で育てました」と発言するのを聞いて、「完全母乳」の何がそんなにすごいのかと思っていた。そしてそのテレビ放送後、そのタレントが自慢げに完全母乳ですと言ってたことをネットで批判するママが沢山いることも知った。なぜに完全母乳と発言したことが叩かれるのか？

母乳が出ずに、ミルクで育てているお母さんもいるが、そういうお母さんの多くは、母乳が出ないことで悩んで葛藤しているのだと知った。仕事の都合で母乳で育てることが出来ない人がいることも知った。僕はそんな母乳の基礎知識も知らなかったし、母乳かミルクかで悩んでいる人が沢山いるなんて知らなかった。これって、子供がいない男性はかなりの確率で知らないことだと思う。

子供がいる旦那さんでも、母乳で悩む母親の悩みを知らない人が結構いる。母乳問題が母親にとってそれだけ繊細で悩めることだということを最初に痛感した。

しかも、ミルクで飲ませる方が楽だと思ってた僕はまたもや無知。母乳で飲ませるようになれば、おっぱいだけあればいいのだが、ミルク作るのに熱湯入れて、人肌の温度に冷ますためにボウルに氷と水入れてシェイカー気取りでシャカシャカやらなきゃいけないとか、ミルクを飲んだ後の哺乳瓶を、洗って消毒液につけなきゃいけないとか、初めて知った。ということはミルクで赤ちゃんを育てている人は、旅行に行こうとしたらミルク道具一式持っていかなきゃならず、荷物も自然に多くなるのだとか、そんなことも初耳。全てが初体験。

お母さんは、涙で顔がはれている妻を寝かせる。「とにかく今日は寝なさい」と。その光景を見て、不思議なものだと思う。妻は母になった。だけど、お母さんは母になった妻の母として心配する。

妻にとってもすべてが初体験。お母さんの力を借りて一歩ずつ母親になっていくのだろう。

翌日から、一つ変化があった。息子、笑福は夜、放っておくと、8時間ほど寝てしまう子供だった。助産師さんに「途中で起こしてミルクあげなきゃダメですよ」と言われて、驚いていたけど、良く寝るのは息子だけじゃない。母親も産んだあとは過敏になってなかなか寝られないと言うが、寝室をのぞくと、股を開きいびきをかいて口を開いて寝ている妻と、隣で、口を開いて寝ている息子がいた。

その姿を見て、初めて思ったかもしれない。「親子なんだ」と。息子はまず、母親の素敵な所を真似してくれたようだ。

父の気づき

母乳が出ないこと、その悔しさ寂しさを男性はもっと理解してあげるべき。

男がまったくわからない、「乳首痛い」問題。

母乳とかミルクとか完全母乳とか、母乳問題で悩む母親がかなり多いということを学んだ僕の父勉。母乳についてはもう一つあるんです。それは乳首。いい母乳を出すようにするには、いいおっぱいを作らないといけない。

息子・笑福が生まれ、家にやってきてから、妻が母乳を飲ませようとするけど、なかなかうまいこと飲んでくれず。とりあえずミルクを飲ます日々。妻は一日何度か、お母さんのアシストを受けて母乳を飲ませようとチャレンジしたけど、飲んでくれず。というか乳首をくわえてくれず。乳首をくわえさせようとしても、息子の拒否の仕方がすごい。そして、乳首に母乳は滲(にじ)んではいるものの、あまり出てこない様子。

と、妻の母乳の悩みを僕がブログに書くと、知り合いの女性テレビプロデューサーがメールをくれました。「すでにご存知かもしれませんが、桶谷(おけたに)式おっぱいマッサージはすごくいいですよ」と。それを妻に伝えてはみるものの、妻はその人とは知り合いでなかったので、あまり信用してない感じ。妻の顔色から想像するに、息子に母乳を拒否られている経験者として「いや、そう簡単なもんじゃねえんだよ」とでも言いたげな様子。

すると、その30分後くらいだろうか、今度は妻の知り合いのテレビプロデューサーから電話がかかってきました。「桶谷式おっぱいマッサージ、いいよ」と。たった30分で二回も「桶谷式おっぱいマッサージ」のことをインプットされて、さすがに無視するわけにはいかなくなりました。電話を切ると、妻は「行ってみるか」と決定。

初日は、妻と息子、お母さんで行ってもらいました。「桶谷式おっぱいマッサージ」に。さっきから何度も「おっぱいマッサージ」と書いていますが、もしも看板に「おっぱいマッサージ」とだけ書いてあったら、男性は120%二度見して通りますよね。絶対エロいことを想像する。そもそも「おっぱい」とか「乳首」なんて言葉、男性からしたら、絶対、興奮ワードなんですが、子供が出来て母乳の話を毎日してると、「おっぱい」「乳首」から連想する言葉が母乳になる。こういう小さな変化もおもしろいなと感じたりして。

で、妻はおっぱいマッサージから帰ってくると興奮気味。桶谷式おっぱいマッサージにより、たった一時間で母乳の出が変わったそうです。すごいゴッドハンド。そして、息子もトレーニングしたそうです。胸を出せば飲むわけではなく、息子も0歳ながらに飲み方を覚えないといけないと。

正直、かなり泣いていても、口を開いたら半ば強引に乳首をくわえさせることで、吸いだす。泣いていたら、乳首を口に突っ込むことに躊躇(ちゅうちょ)してたけど、そうじゃないんだ。

そうやって覚えさせるのだ。「教育」と言う言葉は非常にまじめな言葉に聞こえるが「教えて育てる」と考えると、母乳をあげるときから「教育」は始まってるんですよね。

その桶谷式に週に二回通い始めて、母乳をちょっとずつ飲むようになった息子。最初の頃は10回中10回ミルクだったのが、10回中に母乳が一回、二回と増えてくる。そして桶谷式のマッサージにより、出てくる母乳の量も増えてくる。不思議なもので、出るのだと自信がつくと、妻もまさしく「胸を張る」ようになる。

ただ、母乳を飲むようになると、僕の想像もしなかった問題が出てくるんですね。それは、「乳首痛い問題」です。

子供に母乳を与える母親の顔って、健やかそうなイメージじゃないですか。でも、しばらくはかなり痛みを伴うものなんですね。母乳の時間になり、息子の前におっぱいを出す妻。息子が乳首をくわえると「痛い、痛い、痛い」と声を出す。そうです。リアクションです。リアクション芸人魂が出て、わざと言ってるのかと思ったらそうじゃない。本当に痛い。

こんなこと知りませんでした。母乳をあげるのに、こんな乳首痛いなんて。ブログでそのことを書いたら、コメントで沢山の経験談が、やはり一カ月～三カ月くらいの間がとてもとても痛い人が多いらしく、そこから慣れてくる人も多いのだが、中には膿(う)んでしまい、それが理由で母乳を諦めた人もいるとか。それくらい厳しいんですよ。

これね、お子さんがいる旦那さんに話しても、乳首痛い問題を知らない人も多い。旦那さんに言ってないのか？　というか気づいてないのか？

妻が出産前に、友達から乳首ケア用のクリームを貰って、僕はその使い方がまったくの「？」で。妻は使い方は知っていたものの、こんなにも苦しむものだったとは思わなかったはず。

ちなみに2015年は出産ラッシュ。色んな女優さんや女性タレントの方も数多く出産している。そんな方たちもみんな「乳首痛い問題」で苦しんでるかもしれないと思うと、なんか親近感が湧くのは気のせいか。

そして今夜も妻は顔をゆがめる。「痛い痛い」と。息子はそんな痛みに気づかず安堵（あんど）の表情を浮かべる。

父の気づき

どんなに美人でも、母親になると乳首痛い問題に直面するのだろう。

妻との共同作業、綿棒浣腸に、思わぬ達成感。

息子が生まれて、家に来てから一週間ほどたち、あることに気づく。大便、俗にいう「うんち」をする回数が少なくないか？　と。赤ちゃんって、おしっこはもちろん、うんこばっかりしてるイメージがあったんだけど、うちの息子、笑福は一日一回もしない。

元看護師でもある妻のお母さんが、最初は出にくい子もいるから綿棒で浣腸してあげると出るよと言って、お母さんに綿棒浣腸を習う。綿棒浣腸とは、綿棒を赤ちゃんの肛門に入れて動かし刺激して、便を催させるというもの。最初それを知ったとき驚いた。肛門に綿棒入れるのかと。綿棒もビックリしてるだろうなと。だって自分が綿棒だと思って考えてくださいよ。耳に入って耳垢(みみあか)を取るつもりで生まれてきた綿棒が、ヘソのゴマを取るためにヘソに入れられたくらいならまだ理解が出来るけど、まさかのまさか肛門に入るなんて。会社で地方に飛ばされる社員の気持ちだったりするんでしょうか。「え？　そこ行くの??」みたいな。

でも不思議なもんで、お母さんが綿棒浣腸をすると数分して、ちょっとうんちが出てくれる。同時期に生まれた友達の赤ちゃんは、一日5～6回、うんちするらしい。が、やはり中には便秘気味の赤ちゃんもいるらしく。そのことをブログに書いたら赤ちゃんの便秘のことで悩んでいるお母さんの多いこと多いこと。便秘だと思っていたら、実は胃の病気だったとか、成長が遅れていたとか、意外なことが理由だったりして。そんなことを学んでいるうちに、うちの息子は大丈夫かなと不安になってきて。

産後一カ月たってお母さんが帰ってしまってからは、さらにうんちが出るペースが遅くなる。僕が息子の足をおさえて妻が綿棒浣腸をするものの、なんかうまくいかない。

さすがに一週間出なかったので、まずいなと思い、小児科へ。妻と一緒に行く初めての小児科。診察室に入ると、30代のイケメン先生。さわやか笑顔で対応も優しく、本当ドラマに出てきそうな先生。そこで、便秘のことを相談すると綿棒浣腸のことを教えてくれました。すでにやってることを伝えると、うちの息子をベッドに乗せて、先生なりの綿棒浣腸を教えてくれた。先生が見せてくれた綿棒浣腸は、思ったより綿棒を入れる。そして、綿棒を縦、横、空気を入れるように結構伸ばしていく。目の前で息子の肛門が、上、下、右、左とおもしろいくらいに開いていく。そしてその時間。やっぱりね、妻が家でやっていた綿棒浣腸は、子供がかわいそうだなと思ってしまい、1分くらいでやめてしまう。だけど先生の綿棒浣腸は粘る。

息子は結構泣いている。泣いているが優しく話しかけながらお腹を押さえて、ゆっくり広く長く息子の肛門を四次元空間のように動かしていると、突然、「出た——」と言って出ました。大量のうんちが。一週間分。

するとイケメン先生、超さわやかに「やっと出たね」と言った。なんて格好いい言葉なんだ。遠距離恋愛してる彼女に、彼氏が「やっと逢えたね」と言うかのように、イケメン先生、一週間分のうんちをした息子に「やっと出たね」とさわやかに言う。これは、もう惚(ほ)れちゃうでしょ。0歳でも、男の子でも惚れちゃうでしょ。

見事プロの技を見せられた感じでね。とりあえず、先生からは、まず綿棒浣腸を正しくやってみて、それでも出なかったら考えましょうと言われました。ちなみにですが、僕は子どもの頃便秘症で、母が浣腸をしないとうんちが出ない子供だったらしい。妻も今現在便秘症。そういうところもやはり似るのでしょうか。

小児科に行った後、三日間出なかったので、妻と綿棒浣腸をすることに。綿棒浣腸の時には僕は息子の両足を持ち、ぐっと上にあげて肛門丸見え状態に。大人だったら耐えられないポーズだが子供は無邪気だ。そして妻が、綿棒にオイルをつけて、肛門に入れる。やはり躊躇があるので、僕が「申し訳ないけど、もっと大きく行こう」と言うと、妻は「ごめん、笑福君！」と言って肛門を広げる。すると、粘ること数分、息子が顔を赤らめ始めた。

そしてお腹に力が入るのがわかる。力んでいる、かなり力んでいる。すると出た！！

思い切り出た。先生直伝の綿棒浣腸で初めて出たのだ。僕と妻は声をそろえた。「出た――」と。いや、嬉しかった。お母さんが実家に帰ってから息子の便秘が僕ら夫婦にとっては一番の悩みだったので、なんだろう、息子が生まれてからの初めての共同作業、高い山を登り切ったような達成感で抱きしめあいたかった。こうやって親として一歩ずつ登っていくのだなと、おしめに出てきたうんちに感謝してしまった。

その数日後、僕が洋服屋の人からもらった部屋に飾る用の浮き輪を部屋で膨らませていた。口で思い切り息を吐いて顔を真っ赤にしていると、息子が僕の顔を見て笑っている。大人が顔を真っ赤にしてるのはおもしろいようだ。そして、その顔を息子が真似し始めた。「ううう――」と真似始めた。すると、なんか変なにおい。

そう、息子はうんちをしていた。僕の力む顔を真似してうんこが出たのだ。どうやら浮き輪のおかげで、息子は力み方を覚えたようだ!! ありがとう、浮き輪!!

父の気づき

子育てしてると、意外なことで、夫婦で達成感を感じることができる。

毎日料理するのは、仕事よりずっと大変！

息子、笑福が生まれ、最初の一カ月は妻のお母さんがいてくれて、その一カ月はまだ僕の放送作家業を整理できてなかった。家に帰ると生まれたばかりの子供がいる。父親あるあるのようですが、自分の子供が生まれてきたという実感がなかなか湧きづらい。オムツ替えは習って出来るようにはなるけど、そろそろ替えるぞとドキドキすると、妻かお母さんがやっている。沐浴（もくよく）は覚えて毎日やるものの、なかなかうまくならない。お母さんがやった方がやっぱりうまい。

そんな中、お母さんが実家に帰る直前から、これから本格的に仕事を減らして父勉に入ったら、自分は一体何をすればいいんだろう？　と考えました。

そこで出した答えが、料理をしよう！　でした。周りの話を聞いていると、ママ達は子供が生まれて、最初の数カ月、なかなか手があかず、自分のご飯は後回し。ふりかけや納豆でご飯を食べる日が多いという意見が多かった。妻の友達で、お菓子ばっかり食べてしのいでいたという人も。だから決めたんです。僕が家のご飯を作ると。僕は大学生時代に居酒屋の厨房でバイトしていたので、簡単な料理くらいは出来る。一人暮らし時代はたまに料理していましたが、結婚してからはほぼやらず。しかも、奥さんが超綺麗好きのため、僕がキッチンに立ったあと、自分なりに掃除をしても奥さんの合格点には至らず。そのことで奥さんのため息が大きくなり、イライラさせてしまっていたので、あまりキッチンに立たなくなりました。

だけど今回は状況が違う。妻のお母さんがいた時は毎日料理を作ってくれていたけど、お母さんがいなくなるとそれがすべてなくなる。お母さんが手伝ってくれている育児を妻一人でやるとなると、僕の分もふくめて料理を作るどころじゃなくなるなと思ったのです。だから毎日、家の料理は全て僕が作ると決めました。それが自分が出来る一番の仕事じゃないかと。なので妻と話し合いました。僕が料理を作るから、キッチンの片づけだけはやってくれと。僕が片づけやっても納得いかないはずなので、そこだけは諦めてまず決めた。

最初は不安がっていた妻。でも、僕はやると決めたら結構やる男です。だってね、育児のために仕事減らして、結果何もやることなかったら、ダメ男。ヒモですよ。だったらまだ働いてた方がまし！　ってやつですよ。

最近、イクメンといわれてる人が増えてる中、結構雑誌の特集とかで見るのが奥さんの愚痴。「イクメンぶって実は何も役に立ってない夫に腹が立つ」とか書いてあったの見て、「いやだ！　こんな風に思われたくない」って本気で思ったのです。

子供を授かり、家にいて思うのですが、育児に関して言うと、実は旦那さんの出来ることって少ないと思うんです。まず男性は母乳をあげること出来ないですから。ミルクは作れます。ミルクをほしがる時間になると、ここが唯一の張り切りどころ。だけど、妻は途中から結構、母乳が出るようになりました。これは嬉しいことなのですが、ミルクの回数が減ってくるので、自分の張り切りどころはなくなってくるわけです。そうなると、自分が出来ることは家のこと。だから料理。

今、家の料理担当として料理を作り始めて3カ月以上がたち、はっきり声を大にして言いたいことがある。毎日家の料理を作ることはとてつもなく大変なことである。

一回作るとすぐまた次のご飯。家でたまに作ってた時とはわけが違う。買った食材を余らないよう、腐らないよう、上手に使いきる。なるべく同じメニューが来ないように、毎日毎日クックパッドとにらめっこ。いや、クックパッド最高！　クックパッド様様！

料理を毎日家で作り始めてまず思ったことは味付けについて。味付けにバリエーションが出せる腕があればいいんですけど、パターンが似てしまう。魔法の調味料、めんつゆとオイスターソースにすぐに頼ってしまう自分がいる。朝のテレビを見ると料理コーナーとかよくやっていて、正直、テレビを作る人間なのに今までは料理を作るコーナーにまったく興味がわかなかった。が、今は違う。料理コーナーにすぐ目が行く。そのメニュー自体を作らなくても、テレビで「ここで、ナンプラーをちょっと入れます」とか言うと、「そうか！　ナンプラーを入れる手があったか！」と味付けのヒントになる。いや～、テレビで料理コーナーを沢山やってる理由が分かった！　と放送作家23年目にしてやっと気づける。ありがとー、テレビ！　ビバ！　テレビ！！

家で料理を沢山作るようになり、本当に、毎日家で料理を作ってくれる奥様の気持ちが身に染みて分かってまいりました。そこで思う。全国の旦那様！

奥様の作った料理をもっと味わおう！　スマホいじりながら食べるのはやめよう！

いつもあまり出てこないメニューが出てきた時には「うわ、なに、これ！？」とリアクションしよう。おいしい、うまい、これ食べたかったんだ～！　と言おう。食べた数時間後に「今日のご飯、うまかったな～」と言おう。演じたっていい！　毎日演じていればいつしかそれがリアルになる！！　本当に思う。仕事してた時より大変だ……。

父の気づき

人が作った食事には、大げさくらいでリアクションせよ。

料理当番、煮物系はイケると思ったが。

父勉休業に入り、僕が出来ることをやろうと決めたこと、家の料理当番。毎日料理を作るという奥様のすごさが身に染みてる中、色々なことに気づいてます。

クックパッドを見て、色んな料理を覚えてる中、やはり煮物に頼ってしまう自分がいる。肉じゃが、かぼちゃの煮つけ。この二つは、クックパッドに醤油、味醂、砂糖などの分量の「黄金比」メニューが書かれているので、それを覚え、ちょっとアレンジを加えたら、かなりうまくなってきました。しかも、火の使い方。かぼちゃの煮つけは、強火で一気に加熱していくと、味が染み込んだ煮つけが出来る。家のキッチンで強火にすることにちょっと臆病になったりするのだけど、火の使い方一個でこんなに味が違うんだと知る。

覚えると、どうしても先発ピッチャーとしての登板が増えてしまう。週に一度は登板してしまう。そのことをブログに書くと、やはり週一に登板してしまうメニューが人それぞれあるみたいで、カレーが多かったのですが、中には「絶対一カ月は同じメニューを食卓に出しません」と書いてた奥様も。すげー！　一カ月同じメニューが出ないなんてすごすぎる。

煮つけシリーズの中で、初めて里芋の煮つけを作った日。里芋の皮を剥くのにジャガイモの皮を剥く要領で、ピーラーで皮を剥いてみるが、うまく剥けず。何回も格闘してる中で、中指の皮をちょい剥きしてしまい、心が折れかかる。里芋で中指の皮を剥くなんて。

里芋は大好きな野菜。ジャガイモよりも柔らかくて粘り気があり、食べごたえがある。大好きなのに、こんなに下ごしらえに手こずるなんて。僕は下ごしらえがやっかいな野菜を「手こずり野菜」と名付ける。ブログの読者から、「里芋は一度茹でて、包丁で皮を剥くのがいいですよ！」と教えてもらい、覚える。

うまいなと思う野菜って、下ごしらえがちょっと面倒だったりするんですよね。例えば、オクラ。ちょい茹でしてヘタを切って、まな板に塩をまいて、オクラを転がして小さい毛を取る。オクラなんて一口ですよ。進撃の巨人の巨人が人間を口の中に入れるかのように、エイッと一口で食べていたのに、食べるまでに結構面倒なんだと気づく。それと同時に、今までは、自分の口に入るまで、そんな段取りを踏んでいたのだと知り、口に入れる瞬間、感謝するようになる。ちなみにですが、ブログで「皆さんが〝手こずる野菜〟はなんですか？」と聞いたところ、筍が上位になる。

家の料理当番になり、一カ月もたつと慣れてくる。なんでもそうだが、人は慣れてきたころが一番危険だ。味付けのレパートリーも増えてきて、大体、何を入れればうまくなるかとかわかるようになる。ある日、買ってきた冷凍のむきエビ。それを調理しようと、むきエビとエノキとマイタケを入れて炒める。味付けは、雰囲気で、鶏ガラスープの素を入れて、めんつゆのもとを入れて、あと多少の味付けをして出来上がり。

そして食べてみた。そしたら。まずい！　とてつもなくまずい！！　なんだこれ！料理にはおいしいとまずいがあるとして、真ん中に普通がある。家で作る料理って、おいしくはなくても、「普通」くらいにはなる。なかなか「まずい」にはならない。だけどまずかったのだ。とてもまずかった。まずいもの作るって逆に難しい。エノキとマイタケが調味料を吸いまくり、とてつもなくまずい。クックパッドならぬ、クックバッド！

そこで思う。これは妻に食べさせられない。なので、エノキとマイタケだけは一人で全て食べる。正直泣きそうになった。料理に慣れてきて調子こいたころに、こんな事故を起こした。しかもね、エノキもマイタケも、作ってくれた農家の方がいるわけですよ。作った方は出来ればおいしく味わってほしいと思ってるはずなのに。っていうか、自分がエノキとマイタケだったらね、作り手が調子こいて味付けして、まずい味付けにさせられて、作った本人に「まずい」と思って食べられるなんて。なんて罪作りなんだ。たとえるなら、デザイナーが自分で作った服を着て、街中で笑われるみたいなものか？

泣きそうになってエノキとマイタケだけはたいらげてエビだけが残る。妻は、その残ったエビを食べて「大丈夫！　そんなまずくないよ」と言ってくれる。その慰めの言葉が余計に辛い。やはり油断ってダメなんだと。

仕事もそうだが、油断が成長を止める。なんでもめんつゆに頼りがちになってた自分は反省して、しばらくめんつゆ禁止令を自分に出したりして。

そんな勉強の中、妻が最近嬉しいことを言ってくれる。「むぅ（僕）の作ったかぼちゃ、食べたいなぁ」と。失敗の中でも成長しているものもあるのだ。

叱ることも大事だが、褒める言葉は人を成長させる。そんなことを料理と妻から学ぶ。

これからはもっと人を褒めよう。そしてごめんね、マイタケとエノキ。

父の気づき

仕事でも料理でも、油断が成長を止める。そして褒められれば、成長は続く。

妻のイライラが爆発した、塩昆布とおかゆとしじみ事件。

仕事を減らし、父勉と称して育児に向き合う生活も5カ月ほどたったある日のこと。家にいる時間も増えて、妻と一緒にいる時間も増えるわけです。料理は僕がやることになり、超キレイ好きな妻は、片付け担当。僕が片付けまでやると、二度手間になるから、片づけはやらなくていいと言いました。

最初の頃は、僕の料理後、妻は片付けながらも相当イライラしている気配が窺えました。もちろん沢山注意を受けます。注意を受けていく中で、僕も勉強をしていき、初期の頃よりは、妻のキッチンルールを覚えたんじゃないかと思っています。でも、そもそも超キレイ好きな妻とズボラな僕。僕なりにキレイにしたといっても、妻の満足度が100だとしたら、30にも届いてないと思います。

そんなある日、買い物に行き、塩昆布を買ってきました。レタスやキャベツに一振りするだけでおいしいサラダになるからです。とにかく味のバリエーションが増えるようにと、今まで気にならなかった食材もチェックするようになり、そのひとつが塩昆布。塩昆布は常温でいいのですが、僕は買ってきた後に、冷蔵庫に入れました。僕は勝手に冷蔵庫は絶対!!神話を持っていますので、なんとなく冷蔵庫に入れたのです。すると1

時間ほどして冷蔵庫を開けた妻が「塩昆布は冷蔵庫じゃなくていいんだよ。常温で売ってたでしょ？」と言いました。妻は怒ってるつもりもなく、通常の温度で言ってるつもりでしたが、日々一緒にいるようになり、注意される回数も増えてくると、その言葉一つ一つに過敏に反応してしまう自分がいます。

その翌日、離乳食用のおかゆ作り。キッチンで火にかけて、妻は外に出なければいけない用がありました。妻は「いい感じのおかゆになるまで、多分あと1時間くらいはかかると思う」と言いました。そして出ていきました。僕は1時間かかるんだと思って完全に油断。40分くらいたった時に、念のためと思って蓋(ふた)を開けたら、ほぼお湯がない状態になっていました。ちょっと焦げ目も出ちゃってる。

そして帰宅した妻がおかゆを見て怒りました。「もっと早く止めてよ」と。僕は「1時間はかかるって言ったよね？」と反論。妻は「言ったけど、ちょいちょいチェックしてよって言ったでしょ？」とかなりガッカリした様子。僕は「ごめんね」とだけ言いました。心の中では納得してませんでしたが。

その日の夜。一緒に出掛けたので、帰りにスーパーに寄りました。妻はしじみが大好き。うまそうなしじみが海鮮コーナーに売ってたので買うことに。店員さんは「30分くらい砂抜きしてください」と言いました。その時に妻は「しじみって冷凍するとうまいんだよ」と呟くと、店員さんは「そうなんですよ。冷凍するとうまみが増すんですよ」と言いました。僕はその言葉だけが頭に刺さりました。「まず冷凍！」と。砂抜きしてから冷凍するものだという大常識を知らなかったのです。冷凍してからでも砂抜き出来るんじゃないかと。

帰って冷凍する僕。翌朝、妻が冷凍されているしじみを見つけて「あれ？ 砂抜きした？」と言ったので「してないよ」と言うと、妻から大きなため息。「なんで？ 砂抜きしてから冷凍しないと!!」と。かなり怒ってる口調。「あ、そうなの？ 知らなかった」と返すと妻は、塩昆布とか、おかゆとかほぼ一日の中でミスが多かったので「わからなかったら調べなよ」と強く言いました。僕の中でもたまってたものがあって、「いや、だったらひとつひとつ指示出してよ」と強い口調で言ってしまいました。自分なりに頑張っている思いをもっと認めてくれよ！ という気持ち。妻はそんな僕を見て「ごめん」と言いました……と言いたいところですが、妻は僕にさらにキレました。「私だってもっと我慢してることあるんだから」と。怒り、そして泣いてしまいました。

その時は僕も謝らず。しかし、ちょっと考えてみた。僕は出産前に、周りの女性たちに言われました。出産後、奥さんがどれだけイライラしても流さなきゃダメだよ！ と。産後鬱になった女性の話も聞きました。そういう女性と比べたら、妻のイライラとか僕への文句は少ない方だと。僕が手伝っていることはあるとはいえ、息子とずっと向き合っているのは妻で、僕が家にいることが増えたことで、スタイルも変わり、ただでさえイライラが増えるはずなのに、我慢させてしまっていたのだ。

そんなことに気づき。僕は何やってんだと反省。妻に謝罪。妻も自分が悪かったと謝ってくれました。許してくれた。

が、その数週間後、妻が雑誌に書いたエッセイを僕に読んでほしいと言ってきました。そこには、そのしじみ事件を発端として、なんと僕に我慢していた怒りが羅列してありました。全然許してくれてなかったみたい!! でも、書いてスッキリしたとか。

僕も日々生活していく中でもうちょい「確認」することを覚えようと胸に刻む。43歳になって、そういう人間の根本の部分を変えていくって難しいけど、でも、変えなきゃならない。43歳。日常生活で、もっといろんなこと「確認」します。

父の気づき

家族が増えたら、今までのプライドを捨てて、変えなきゃいけないこともある。

まぁるい抱っことタイ焼きから学んだこと。

赤ちゃんがより心地よく、そしてお母さんが動きやすいスリング（抱っこ紐）の使い方を教えてくれるスリング講座なるものがあるということで妻に誘われ、夫婦で行って参りました。日曜日。

畳の部屋の中には10組ほどの参加者が。先生は女性で、元看護師、様々な被災地にも行き、色んな現場を体験してきた方。

正直、スリング講座に行こうと言われた時には、まったく乗り気にならず。でも、妻の強い希望により、いやいや行ったわけです。だってね、全部で5時間あるんですよ。が、しかし、結果、5時間でも足りない。講座の最初の2時間は、抱っこ講座でした。「まぁるい抱っこ」なるものを覚える。

まず、最初に、パパとママが普段、どんな風に抱っこしてるかを各自スマホで撮影。自分で確認。みんな、写真を見ながらどんな抱っこをしているのか先生に報告するのですが、僕も含めて自分の抱き方にしか注目してない。先生は怒ります。「なんで誰も赤ちゃんの表情が気にならないの？」と。ぶっちゃけ、日曜日にあまり乗り気じゃないのに行って、いきなり抱っこをダメ出しされて、イラっとする思いもありました。ここまでは。ただ、そのあとに、先生が一人一人赤ちゃんを抱っこすると、全員笑顔。そして冷たかった足がみるみる温かくピンク色になる。そして寝落ちする。魔法をかけているようでした。

そこから教わります。「まぁるい抱っこ」なるものを。簡単に言うならば、両手が円のようになっていて、そこに赤ちゃんがお尻だけ縦にすっぽり入る感じ。そして赤ちゃんはM字開脚。懐かしのインリン的感じ。この「まぁるい抱っこ」を赤ちゃんが前を向くパターンと、後ろ向くパターン、両方教わるわけですが、僕がそれをマスターした瞬間、息子、笑福の体への密着度が違うのです。

息子は生後5カ月を過ぎ、7キロを超え、結構大きくなってきていた。そのため、前だったら自分の抱っこでもスヤスヤ寝ていたのに最近は寝つきが悪く、それで悩んでいたのです。でも、このまぁるい抱っこをすると、赤ちゃんの体との密着度が増え、足も温かくなり、とにかく顔が気持ち良さそうなんです。そこまで来て思いましたよ。「先生、さっきはイラっとしてごめん」と。

そこには色んなママとパパが来ていました。あるお母さんは、夫と姑（しゅうとめ）さんが子供を抱くときは泣かないのに自分が抱くと泣いてしまうと、かなり切実な訴え。確かに、そのお母さんが抱いているとわめくように泣いていた。でも、どうでしょう。まぁるい抱っこを教わり、精神論を教わり、2時間たったころには、子供も笑顔。悩んでいたお母さんも笑顔。すげー！　まぁるい抱っこすげー！　こんな抱っこ一つで、ここまで変わる。母親として自信もつく。2時間の間に、そこに参加していたママとパパが確実に成長したのです。

いや、行ってよかったと心から思いました。ちなみに場所は調布。帰るころは夕方。妻が帰りがけに、どうしてもテレビで見てうまそうだったタイ焼きがあるという。なので、そこに寄ってタイ焼きを買いました。全部で5個。一個は僕。もう一個は妻が食べて、家に持って帰り、一個は知人にあげました。夕食前に妻がもう一個食べたいと言ったので、妻、二つ目。

夕食後、妻が三つ目のタイ焼きを食べたいと言ったので、さすがにダメだとストップをかけました。まずいでしょ、数時間のうちにタイ焼き三つは。しかもご飯も食べてるんですよ。その夜。妻と子供が寝てから仕事してた僕は夜中に腹が減ったので、一個余ったタイ焼きを食べました。朝になると固くなっちゃうなと。

翌朝、起きてきた妻が僕に深刻な顔で言った。「あれ？　タイ焼きは？」。僕が「あ、固くなるから食べちゃったよ」と言うと、妻の顔から笑みがどんどん消えていき、とてつもなく厳しい顔で「え？　楽しみにしてたのに」と冷たく言い放たれました。そんな厳しく言う？　冷たく言う？　タイ焼き一個じゃん。っていうか二つ食ってるじゃん。しかも朝食べたら固くなっちゃうでしょ？　でも、妻いわく、その固く冷たくなったタイ焼きにも別のうまさがあると言う。いや、知らね――――。そこまでタイ焼きに詳しくないし。

で、こんなタイ焼き事件をブログに書いたら、女性が数百人コメントしてきて、「女性を食べ物のことで怒らせたらダメですよ！」とまた僕が怒られる。厳しい注意を受けました。

その数日後。僕が楽しみに買ってきたクリームパン。翌日、妻によって食べられてしまうこととなりました。妻の食べ物は妻の物。僕の食べ物は妻の物。

女性の食べ物への固執とまぁるい抱っこを覚えたある週末。

ちなみに、この覚えた「まぁるい抱っこ」が、このあと、大活躍することとなる。

父の気づき

女性を食べ物のことで怒らすべからず。
どういう理由であっても。

妻、生後半年で仕事復帰。最初の仕事は海外ロケ。

産後の仕事復帰のタイミングについて悩めるお母さんたちはとても多いだろう。

妻が2014年5月に妊活休業をしてから1年7カ月、出産してから半年、ついに芸人として仕事復帰をする日が来ました。この仕事復帰のタイミングについては色々と悩んでいましたが、長く休ませていただいた番組になるべく早い段階で戻らなければいけないと思っていたようです。本来なら妊活休業に入る時点で、レギュラー番組すべて「卒業」になってもおかしくないはずですが、「待っています」と言ってくれました。だから戻らないといけない。だけどそのタイミングについては1年経ってから……とか色々シミュレーションもしていたみたいですが、僕やマネージャーさん、スタッフさんと色々話し合った結果、産後半年で仕事復帰することに決めました。

妻はせっかく復帰するならスタジオ仕事ではなく、体を張ったロケの仕事から復帰しなければいけないと強く思い、『イッテQ!』（日本テレビ系）のロケからの仕事復帰となったのです。そうなると、海外ロケ。妻が行く場所はオーストラリアと決まりました。スタッフさんも最短のロケ時間で組んでくれたものの、行き帰りの飛行機も含めて5日間かかるわけです。

5日間、息子、笑福と離れる。妻は行くことは決定したものの、果たして本当にいいのか？　と悩んでいました。まず5日間も離れて大丈夫か？　という気持ち。そして9割くらい母乳で育てているので、妻の胸が相当張ってしまうだろうという心配と、帰ってきてからも母乳をあげることが出来るのか？　という心配。

産後半年の復帰。しかも5日間海外に行くということに対しては、反対意見の人もいると思います。今復帰しなくてもいいだろうというのもわかります。ただ、妻が妊活休業する時に快く送り出してくれた人たちがいる。期限もわからないのに「待ってます」と言ってくれた人たちがいる。これって会社で考えたら最高の条件の職場なわけです。

そして、僕は現在、父勉中で、メインであるテレビの放送作家業を休止し、仕事を出来るだけ減らしている状態。普通のお父さんよりも育児に向き合える時間が長い。もちろん息子にとってお母さんが一番だが、息子と向き合っている時間が長いし、その時間が長いだけあって、僕に慣れてくれている。僕は悩む妻に「大丈夫だよ！　このために僕も仕事を休んで、笑福と一緒にやってきたんだから」と後押し。

この5日の間に、妻のお母さんが栃木の実家から来てくれることになり、僕とお母さんで笑福の育児をすることになったのです。

ロケに行く日がだんだん迫ってくると、妻は息子におっぱいをあげながら「笑福ー！

お母ちゃん頑張ってくるからねー」と決意を口にしながらも目からあふれそうな涙。息子はそれを見て無邪気に笑っている。

妻は知人にあるアドバイスをもらっていた。ロケが近づいたら、息子にカレンダーを見せながら、「お母さんはこの日に一回仕事に行っちゃうけど、4日したら戻ってくるからね」と教えた方がいいと。0歳だろうが、教えると子供は理解するのだと。妻は毎日息子に教えていた。理解したのかどうかわからないけど、カレンダーを指して教える妻の指を息子はじっと見ていた。

そして出発当日。僕は集合場所となっている日本テレビまで、息子と一緒に見送りに行ってきました。日本テレビに着くギリギリまで、息子におっぱいを飲ませている妻。おっぱいを飲ませながらも寂しそうな顔。日本テレビに到着し、バスが待っていた。一緒にロケに行く女芸人さんが乗っているバスだ。

バスの前まで妻を見送る僕と息子。僕が「それじゃあ頑張ってきてね」と言って息子の手を取り、手を振るような仕草をさせると……我慢していた妻の目から一気に1リットルくらい出たんじゃないかってくらい涙がこぼれ始めて「笑福――――！　行きたくないよ――――」とついに言ってしまった。空港に向かうバスが目の前に止まっているのに、「行きたくない」と叫んでしまった。僕が抱っこしている息子を離さず、一向にバスに乗ろうとしない妻。僕が「早く行かないと」と言うと、一生の別れのように大号泣し「行きたくない」と駄々をこねる。そんな姿を見かねて、森三中の村上やいとうあさこがバスから降りてきて、「大島さん！　気持ちはわかるけど、もう行かないと」と言って妻の体を離そうとすると、まるで小学生のように「エ――――ン」と言って泣き出す。息子・笑福は笑顔だ。どっちが子供なんだと突っ込みたくなるような光景。

このままだといつになっても出発出来ないと思い、僕は息子を抱いたまま「せっかく行くならおもしろくしてこなきゃダメだよ」と言って背中を向けると、再び「エ――――ン」と泣き出す妻。なんか僕がすごく悪いことしてる気もしたのだが、仕方ない。40歳以上の人にしかわからないたとえになってしまうが、「いなかっぺ大将」並みの大号泣を見せた妻は、泣いたまま息子とお別れし、バスに乗り込んだ。

さあ、ここから1年7カ月ぶりの体を張った芸人としての仕事に挑む妻と、そして母親がいない状態で、息子、笑福と向き合う僕の5日間が始まるのだ。

父の気づき

とある瞬間、母親は子供以上に子供っぽくなる。

妻の不在で、一気に深まる父子の関係。

妊活休業に入ってから1年7カ月、産後半年で芸人としての仕事復帰を決めた妻。最初の仕事は『イッテQ!』のロケでオーストラリアに5日間行くというもの。この間、僕は妻のお母さんと二人で息子の育児をすることになるのだ。

一日目。妻を出発するバスまで送り、家に帰ってくる。待っていた妻のお母さんに「いや〜、笑福は笑顔だったのに、お母さんの方が泣いちゃって」と言うと、「もう、何やってんだか」と笑うお母さん。正直、妻がいない5日間、不安だが、お母さんがいてくれることがなによりの安心材料。

息子は母親がこれから5日間いないことをどのくらい理解しているのだろうか？　初日となったその日の昼から夜までは、ほぼ泣くこともなく、過ごしてくれた。ミルクもご機嫌に飲んでくれる。いい感じ。そして問題の夜だ。夜泣かないで寝てくれるか？　大丈夫なのか？　それが僕とお母さんの一番の心配点だった。お風呂に入れたあと、初日の夜はとりあえず、お母さんが息子と一緒に寝てくれることになった。僕たちの心配をよそに、息子は思ったよりも早く寝てくれた。朝になるまで二回だけミルクで起きたが、ぐずることもなく寝てくれる。なんて出来た子なんだろう。やはり行く前に妻が出か。

発する日と戻ってくる日をカレンダーを見ながら教えた結果、理解してくれたのだろう

二日目。この日、昼くらいからなんとなく、寂しそうな顔を何度か見せるようになった。僕とお母さんで、いつもだったら笑いだす仕草や歌などを歌ってみるが、なんかテンションが低い。もしかしたら「あれ？ 一日我慢してみたけど、お母さん、どうしたんだ？」と思い始めたのか？ 妻の妹も心配してやってきてくれる。妻の妹を見て、自分のお母さんに感じる安心感を感じてくれないかとも思ったが、あまり変わらず。

なんとなくテンションが低いまま夜になった。が、ここから一気に息子の気持ちが爆発する。夜寝る前にミルクをあげて、寝た……と思ったら、顔をあげて左右を見まわす。そう、その様子、何かを探している。何を探しているのだろうと最初は思った。が、すぐに気づく。「お母さんだ」と。そう、妻を探しているのだ。妻のお母さんが「ここからは大丈夫よ」と前の日と同じ作戦で寝かせようとしたのだが、ここから大号泣。お母さんが気を遣って「おさむ君、大丈夫だよ。私寝かせるから」と言ってくれたのだが。

最初は通常の泣きくらいだった。子供の泣きにも種類がある。まるで信号のようだと僕は思うのだが、青信号の泣きと黄色信号の泣き、そして赤信号の泣き。息子の泣き声は最初は青信号だったのだが、黄色を超えて赤信号。泣くというよりも叫ぶという状況

に近いのか。体の中にある魂をすべて使って叫んでいる。

もうここまで来たら寝かすのは大変だ。「今夜は徹夜だな」と覚悟し、お母さんに「僕がやってみます」と言って息子を受け取った。スリング教室で習った「まぁるい抱っこ」で息子を抱きかかえると、1分ほどして泣きは止まった。秘儀「まぁるい抱っこ」をしたまま部屋の中を歩いてみる。歌を口ずさみながら歩いてみる。すると15分ほどして寝てくれたのだ。ただここからが問題だ。お母さんあるある、「背中スイッチ」が発動すると子供は泣く。抱いてると寝ているのに、ベッドなどに置いた瞬間に泣きだす。まるで背中のスイッチを押したように。

僕の場合、息子は抱っこしたままだとよく寝てくれる癖はついていた。正直抱っこしながら寝かせるのは得意。僕の体とのフィーリングはいいみたいだ。なんか、モテる男が抱いた女性との体の相性を語ってるみたいだが、息子とのことだ。だけど、ベッドなどに置くと泣きだすので、いつも僕は息子を抱いたまま、僕も横になる。すると、そのまま1時間は寝てくれることが多い。僕もそのままちょっとは寝ることは出来る。

今夜はこのまま寝るしかないと覚悟した。息子が寝ること1時間。いつもと違って起きそうな様子はない。試しにベッドに置いてみることにした。この瞬間の気持ち、ママさんたちなら分かってくれるだろう。寝ている子供をゆっくりとベッドに置く瞬間。まるで「ミッション：インポッシブル」で、トム・クルーズ演じるイーサン・ハントが爆弾を解体するかのような瞬間だ。ゆっくりと置く。爆発するか？　するか？　しなかった。

そのまま息子は寝息をたてて寝てくれた。妻がいない状況で、僕は初めて息子をベッドで寝かすことに成功した。妻はほぼ毎日添い乳しながら子供を寝かせている。泣きだしてもおっぱいを吸わせると母乳を飲みだし、そのまま寝てくれる。だけど残念ながら僕にはおっぱいがない。自分におっぱいがあれば、母乳を出すことが出来ればと何度も本気で思った。神様お願い。翼はいらないからおっぱいはくださいと願いたかった。が、ないものはない。だから夜寝かせることは困難だと思ったのだが、一番愚図ったこの日、ベッドで長時間寝かせることが出来た。そしてこれは父親としての大きな自信となった。

夜が明けて朝になると。息子に笑顔が戻っていた。二日目のような憂鬱さはなかった。ベッドで起きた笑福が僕を見て笑う。なんだかその笑顔を見て泣きそうになった。妻がいないからこそ、ちょっとした荒療治で、僕と息子の関係はより深くなった気がする。

父の気づき

父親には母乳を飲ませることが出来ない。だからこそ父親はもっと、頑張らなければならない。

「僕にはおっぱいがない」。この悲しい現実とどう向き合うか。

僕は男だ。それは紛れもない事実。だけど、毎日子供を抱きながら向き合っていると、自分の中の父性ではなく母性が刺激されて仕方ない時がある。一番は子供を抱いていて、寝ている時に子供が無意識におっぱいをくわえる時だ。夢の中で僕をお母さんだと思ったのか？　Tシャツの上から僕の乳首をパクっと加える。そしてしばらくして「これ、違うな」と思って諦める。Tシャツの乳首の所は結構濡れている。この数十秒の間、男の中の母性が刺激される。男性がどんなに頑張っても与えることのできない「母乳」を幻のように体験する。

そこで気づく。母乳を与える行為とは、その時に母と子供が繋(つな)がる行為なのだと。まるでお腹の中でヘソの緒を通して繋がっていたかのように。

妻が仕事を再び始めてから、笑福と二人でいる時間が増えて、不安じゃないと言えば嘘(うそ)になるが、僕自身も、その時間ひとつひとつが自分の自信になっていく。が、しかしだ。泣いたり愚図ったりした時。妻だったら母乳をあげて落ち着かせることが出来るが、僕には母乳をあげるおっぱいがない。

僕がミルクをあげるのとはまた違う、母乳で母と繋がった時にしか見せない顔と安心感。出来ることなら僕だってあの顔をさせてあげたい。だけど残念ながら出来ない。悔しい思いすらある。なんで男からは母乳が出ないいんだと、いまさらながらそんなことに文句を言ったりする。「もしもピアノが弾けたなら」という曲があるが、「もしも母乳が出たのなら」という曲を作りたくなる。「だけど〜僕には母乳がない〜♪」と替え歌して西田敏行が歌ったら、今の僕は号泣してしまうかもしれない。

そんな母乳コンプレックスを感じている中、たくましい男、いや女性が1人いた。その名ははるな愛。ご存じニューハーフだ。彼、いや彼女は僕と同じ年で1972年生まれの今年44歳。妻が超若手の頃からはるな愛ちゃんとはお友達で、それもあって僕も仲良くさせてもらっている。僕と同学年なので、彼女と会うたびに「もしかしたら、この人も同じクラスにいたのかもしれないんだな」と思うと、同じ年数だけ生きてきたのにその人生の違いに感慨深くなってしまったりする。

ある日のこと、妻は『ヒルナンデス』(日本テレビ系)に生出演。その間僕ははるな愛ちゃんと打ち合せがあり、息子の笑福を会わせたい思いもあって、笑福を抱っこ紐で抱っこして行くことにした。楽屋に入ると、すぐに愛ちゃんは「あ〜〜〜、超かわいいんですけど〜〜」と、女性的でありオネエ的なリアクション。本当だったら早く打ち合わせをしたかったのだが、「抱いていい?」と言ったので、「どうぞどうぞ」と笑福を抱いてもらうことにした。僕が息子に「はるな愛おじさんですよ〜〜」と言うと、愛ちゃんは「お姉さんです〜〜」と切り返すお約束。まあ、「オネエ」だから「お姉さん」は間違いではない。

さすが愛ちゃん、笑福を抱くのは上手だ。早く打ち合わせしたいのだが、なかなか抱っこをやめない。すると愛ちゃん、とんでもないことを言ってきた。「ねえ、おっぱいあげてもいい？」と。

え？　おっぱい？　ニューハーフかもしれないけど、おじさんだよね？　愛ちゃん。僕と同じ年の。だけどそこで思いだす。以前、愛ちゃん、熱く語っていた。ちょっとだけ母乳が出るのだと。そして親戚の子供だか誰かにあげたことがあるのだと。

正直、「NO」と断りたかった。だってね、本人は「母乳」と言ってるが、それって母乳に見えて違う液体のような気がするし、何より、女の子になったとは言え、僕と同じ男性、おじさんの乳首を笑福が吸わなきゃいけないのだ。だけど、はるな愛ちゃんの、オネエを超えた母親のような顔。笑福を見て、彼の中の母性が刺激されたのだろう。僕だって自分の中に母性を発見した今、僕を見つめる愛ちゃんの願いを断るわけにはいかなかった。そして人生なんでも経験だ！　僕は言った。「よし、笑福、吸ってこい」と。

愛ちゃん、早速シャツをめくり、僕らに見えないようにおっぱいを出した。そして

「はい、笑福君、おっぱいだよ〜」と言って向ける。すると、それまで愛ちゃんに抱かれて笑顔だった笑福が、すごい勢いで手を左右に揺らして拒む。「NO———！　NO———！」という顔で。愛ちゃんは「そんなに嫌がらないで安心していいんだよ〜〜」ともう一度チャレンジしたが、笑福は今度は体全体で「やめろ———！」と言わんばかりに拒否したので、僕は笑福を抱いて「はい終了———！　笑福、飲みませんでした〜〜〜」と言った。愛ちゃんのあの悲しそうな顔。気持ちはわかる。僕も母性を刺激されている人間だからね。

とはいえ、人の子供に母乳を吸ってもらおうとするそのチャレンジ精神、やはりすごいなと思いつつ。家に帰って妻にそのことを報告すると、「あの野郎———！」と言ってましたが、拒否したことを伝えると、笑福の頭をなでながら「さすが笑福！　おじさんの乳首を吸わなくてよかった」と言っていた。そして笑福は笑顔。愛ちゃんがこれを見ていたら言うだろう。「家族で言うよね〜〜〜」

父の気づき

男性にも母性はあるのだ。
それを女性は分かってください。

なりたいのは「イクメン」ではなく、「父親」。

「父勉」と称して、仕事を減らして育児に向き合う生活を続けて、気が付くと8カ月が経ちました。最初の頃は肩に力が入りすぎていた気がします。そりゃそうですよね。家に家族が一人増えて生活がまったく変わるんですから。だけど、今は笑福と二人で留守番している時間も、気を抜くことは出来ませんが、慣れてきたと言える自分がいます。

育児について取材を受けることもあるのですが、今、思うことは、やはり「イクメン」という言葉が嫌いだということです。

例えば「イケメン」って言葉がありますが、あの言葉が流行るまでは、女性がみんなの前でいい男のことを語ることに照れがあったはずなんですね。だけど、イケメンという言葉が出来たことにより、会社内でも「あの子ってイケメンだよね」とか言えるようになった。そう考えると、言葉ってすごいし、逆に怖い。

イクメンという言葉が出来て、取材でもたまに「イクメンですね」とか言われると、なんかずっと違和感があったんです。「ありがとうございます」とか言うけど、心に引っかかったものがある。「イクメン」というのは、「育児をする男性をすごい、素敵だ」という場所に置いている。上の位置に置くのは悪くはないと思うのですが、なんか結構上の位置に置いていて、それで「イケメン」と引っ掛けられているような、その言葉が気持ち悪く感じる。

ある日、僕のブログにある読者がコメントをくれました。その読者のおじいちゃんが言っていたと。「育児にちゃんと向き合う男性のことをイクメンというんじゃなくて、父親というんだよ」と。それを読んで、なんか背骨に電気が走った気がしました。そうだ。それだと。

僕が探し続けていた答え。育児に向き合う男性を父親。僕が育休という言葉を使わずに、父勉休業と名付けた理由もそこにあって。子供が生まれた瞬間に、女性は母親になれる気がする。母と子供はお腹の中を通じて10カ月近く一緒にいて、すでにそこから育てている。だけど男性は残念ながら、妊娠中、子供にしてあげられることはない。だからこそ生まれた瞬間に父親ではなく、父親になっていくためのスタート地点に立つという感覚だった。だから父勉なんだと思っていた。

そしてもう一つ、育児や家のことを「手伝う」という言葉もだんだん違和感を感じていた。

ある時、思った。「手伝うのではなく、シェアするということが大切なんじゃないか」と。子供を授かると、生活の全てがそこに向かっていく。そこに自分たちの食事や掃除、洗濯、やらなきゃならないことが沢山ある。だったら妻の気持ちを楽にするために、自分が出来ることを探して、それをシェアすることが大切なんだと思えました。「手伝う」って言葉だと、女性がやることが前提としての行動になる。だけど妻と僕の子供だ。だからこそ、「シェア」って言葉が大切なんじゃないかと。

子供が生まれて、まず自分が出来ることは何かと探した時に、それが毎日の料理作りでした。これまた取材でよく聞かれるんです。「オムツ替えたり、赤ちゃんの面倒見てるんですか？」と。笑顔で「そうですね」とは言いますが、心の中で「なんてアホな質問するやつなんだ」と思ってる自分がいる。そりゃそうだろって。仕事減らして家にいるんだから、それでオムツの交換やってなかったら、何のために仕事減らしてんだよと。

そこでまた思う。イクメンという言葉の違和感の理由。子供に向き合うことだけが育児じゃないのに、お母さんたちは子供と向き合いながら家のことも色々とやるから大変なのに、子供に向き合うことだけを育児ととらえていて、イクメンって言葉は、子供の面倒見てる瞬間だけ切り取ってる感じが気持ち悪いんだと。

だからイクメンという言葉が世に出れば出るほど、僕は「もっと父親になりたい」と気持ちを固めている自分がいます。そんな中。この春、父が大きな病気をしました。人生で初めて体にメスを入れました。母のあんなに心配した声も初めて聞きました。

4月。桜が咲き始めた都内を車で出発しました。中学生の頃に聞いていた音楽を聞いたりして、あの頃の記憶を思い出したりして。千葉の南房総の病院にお見舞いに行きました。父は手術2日後。8時間に及ぶ手術を受けた父は声をあまり出すことは出来ませんでした。その父の病室から見えた桜。そこで本当に思いました。「父はあと何回桜を見ることが出来るのだろう」と。

そんな気持ちになったのが初めてでした。もちろん一回でも多くの桜を見て生きてほしいと思う。だけど大切なのは、父は、この病気を通して、父があと何回桜を見ることが出来るのか？　という今まで考えもしなかったことを感じさせてくれた。教えてくれたのだ。当然だが父は死ぬまで父であり、その生きざまと背中で父親ということを僕に教えてくれているのだと、気づけました。

お父さん、ありがとう。これからも沢山、父親というものを教えてください。

父の気づき

男性は子供が生まれてすぐに父親になれるわけではない。

「添い乳」の威力を思い知り、途方にくれる。

2016年3月。父勉中の僕にとって、育児の天王山が来ました。芸人として復活した妻が、2度目の『イッテQ！』海外ロケに行くことになったのです。前回は生後6カ月。今回は8カ月後半。前回は妻のお母さんのアシストもあり、無事に乗り越えられた。

今回もお母さんが来てくれる。だが前回との大きな違いは、妻が海外に行く5日間中、2日間、お母さんがどうしても家に帰らなければならないこと。つまりは、息子、笑福と僕だけで過ごさなければいけないのだ。「そんなの一日くらいいいじゃないか？」と思う人もいるかもしれない。一つ大きな問題があった。前回、生後6カ月の時はほぼ母乳で育てていたが、たまにミルクを飲ませていた。だから妻がいない間も、なんとかミルクを飲んでくれた。だが、今回は完全母乳に近い状態だった。試しに僕がミルクを与えてみるものの、哺乳瓶を拒否。ただ、離乳食はかなり食べ始めていたので、母乳を飲まなくても大丈夫といえば大丈夫。だけど僕からしたら大丈夫ではない。

そして最大の問題があった。妻が添い乳で寝かしつけていたのだ。添い乳、聞こえは「ソイラテ」とかおしゃれな飲み物と似ているが全く違う。説明しておくと、子供を寝かしつける時に、ベッドの上でおっぱいを飲ませると子供は眠くなる。乳首をくわえたまま寝てしまう。乳首をくわえさせた状態で横たわる。これが添い乳といって、子供はすやすや寝てしまう。ただ添い乳で寝る癖を覚えてしまうと、おっぱいを飲みながらじゃないとなかなか寝つけない子供になってしまうのだ。あるママが言っていました。「添い乳で育てると、自分が仕事をし始めた時に大変だと聞いたから、生まれて3カ月以降は、寝る時の母乳はやめて、寝るトレーニングをした」と。乳首をくわえずとも、母親が抱きしめなくても、隣で寝るようになるには、トレーニングが必要だったなんて。

妻が5日間、海外に行く間は添い乳が出来ない。前回の時にはまだミルクを飲んでくれたので、ミルクを飲みながら哺乳瓶を乳首だと思い、そのまま寝てしまうことがあった。だが、今回はミルクも飲まない。添い乳も出来ない。しかも、ラスト2日間はお母さんもいないため、添い乳も出来ない僕が、ミルクを飲まない子供を一人で寝かしつけなければならないのだ。

妻は心配で仕方なかった。ギリギリまで行くことをためらっていた。だが、妊活中に待ってくれたスタッフがいる。芸人に復帰した以上、やはり行かなければならない！と、僕は少し厳しい口調で言った。息子に申し訳ないと思ったが、妻は母親であるが芸人でもある。芸人を引退してるなら仕方ないが、芸人である以上、格好よくいてほしい。

内心、めちゃくちゃ不安だった。母乳の出るおっぱいキットを取り付けられるのならば、付けたかった。だけど、そんなもの、Ａｍａｚｏｎでも売ってない。

妻は今回はフィンランドで寒中水泳を行う。不安と心配が募りまくりの中、妻はフィンランドに旅立って行った。もちろん、家から出る時は妻は号泣していた。

妻が旅立ち1日目。お母さんも来てくれた。前回は初日はとてもご機嫌だった。お母さんがいないのだということに気づいたのが2日目くらいからだったので、多分「ちょっとお出かけしたんだな」くらいに思っていたのだと思う。だけど今回は初日から気づいていた。母親が長期ロケに行ったことに。だからテンション低め。デート中の機嫌悪い彼女みたいだ。昼間は泣きはしなかったが、明らかに笑顔が少量になっている。

離乳食はよく食べる。これだけ食べてくれれば母乳を飲まなくても大丈夫だ。ただ、寝る時には飲ませたいものがあった。妻が搾乳して取っていった母乳。5日間、夜毎日飲んでも大丈夫な量を取っていってくれた。湯煎して、哺乳瓶に入れて、飲ませようとすると、哺乳瓶を拒否。でも、中身はミルクではない。飲めば分かってくれるはずだ。なので、お母さんと協力してちょっと強めに口に入れてみた。

すると笑福はちょっと吸って口に含んだ。その瞬間だ。「ふざけんじゃねえよ」と言わんばかりの勢いで顔を強張らせ、右手で哺乳瓶を弾いた。「てめー、偽物売りつけやがったな〜〜」みたいな勢いだ。その後もう一回チャレンジしたが、この小さな体のどこにそんなパワーがあるのだというくらいの力で哺乳瓶をパンチして弾いた。全盛期のマイク・タイソンか？　そこで分かった。笑福は母乳よりも妻のおっぱいをくわえることで安心していたのだと。

これは困った。泣きだす笑福。泣きながらも僕とお母さん交互で抱っこしていると、寝てくれた。寝た後が問題だ。布団に置くと、パッと目を開けて泣きだすからだ。お母さんがチャレンジするが起きて泣く。それを1時間くらい繰り返していたら無事に布団の上で寝てくれたのだ。良かった。寝てくれた。2日目からは、母親がいないことを割り切ったのか、ちょっとずつ機嫌がよくなっていった。2日目、3日目と、夜も時間はかかったが、布団でちゃんと寝てくれたのだ。

そして問題の4日目。お母さんはかなり心配しながら栃木の実家に帰る。ついに僕と笑福、二人だけで過ごす2日間が来た。絶対大丈夫！　と自分に言い聞かせてはいたが。

大丈夫……ではなかった。

父の気づき

これからお子さんを授かる方に。
添い乳で寝かすのはやめよう！

完徹で寝かしつけ、父子の絆は太くなった（はず）。

妻の不在5日間中、ラストの2日間。ついに、僕一人で笑福と向き合わなければならない時がやってきた。妻はほぼ完全母乳で育てていて最近息子はミルク拒否、添い乳と言って母乳をあげたまま寝かせているため、当然ながら母乳のでない僕にとって、笑福と迎える二人の夜が一番の難関となったのです。

昼から夕方までは笑福と二人でも全然問題ない。この数カ月は笑福と二人で過ごす時間も増えていたため、離乳食を食べさせ、ちょっと散歩し、お昼寝させて、あっという間に夕方。

さあ、ここからが問題。僕はある作戦を考えていました。それは笑福もヘトヘトに疲れれば夜めちゃくちゃ眠くなるだろうと思ったわけです。そこで、伝説のサッカー選手ディエゴ・マラドーナの真似をする「ディエゴ・加藤・マラドーナ」という芸人の出番。沖縄生まれの彼はとても根が明るく陽気な性格。夜、ディエゴに来てもらいました。子供大好きなディエゴは笑福を見てテンション上がります。そして笑福に近づいて自分が出来る限りの芸を見せて笑わせようとします。しかし、0歳児にディエゴ・マラドーナの物まねが通じるわけはなく、まったく笑わない。それどころかちょっと機嫌悪くなる。ディエゴは小細工をやめて、ただたんにおもしろい顔をしたりしてみる。もう汗だくです。大人の全力、子供は好物です。笑福もようやく心を開き笑い始めました。部屋の中でディエゴや僕と追いかけっこをしたり、笑ったりしてかなりヘトヘト状態。お風呂に入れると、笑福はだいぶ眠い様子。それでも、まだ遊びたい気持ちを抑えられず、眠ることへの抵抗を見せたものの、夜9時くらいには僕の腕の中では眠ってくれました。

ここからが次の問題です。夜は妻が添い乳で寝かせていることが多いため、妻の体がないと安心しません。だから夜は僕の腕の中で寝たとしても、ベッドなどに置くと目を開けて泣いてしまう。背中スイッチの作動です。

僕はこの日のためにある技を考えていました。それは羽毛布団作戦です。僕が普段寝ている掛け布団は羽毛布団でふかふかです。このふかふか感は妻の体に似てるんじゃないかと思っていたんです。そこで眠りについた笑福の体をゆっくりゆっくり、羽毛布団の上に置いてみる。すると。作戦成功――！　見事布団の上で寝てくれたのです。

あとは電気を消してお休みです。ディエゴとリビングで祝杯をあげました。ディエゴは酔っぱらって1時過ぎに帰りました。夜1時半頃。笑福の泣き声が寝室からしました。起きたのです。おむつを替えて水を飲ませる。30分ほど抱いていたらまた寝ました。そこから、またふかふか掛け布団作戦に……と思ったのだが。掛け布団の上に乗せて手を離すと10秒位して目を開けて泣き出す。まるで「バカな大人よ！　2回同じ手が通じると思うなよ」と言わんばかりに泣いてしまう。5回、6回チャレンジしたけど泣きやまない。

そこで次の作戦に出た。それは僕の腕の中で眠る笑福を、抱えながら僕が横になり寝るという作戦。これだったら僕も一緒に寝られる。ただ10キロ近くある子どもの体が上に乗った状態は正直腰にダメージがでかい。でも、寝てくれるならいいと、僕は笑福を抱いたまま横になる。すると、寝てくれた。

眠りについたのが深夜2時半頃だったろうか。そこから3時間ほど寝て、5時半頃、また笑福は起きて泣き出した。おむつを替えて水を飲ませて抱くと……僕の腕の中では寝る。再び願いを込めて掛け布団作戦。だが起きてしまう。続いて、僕の体の上で寝かせる作戦を実行してみるが、今度はこの作戦でもダメ。僕が横になった瞬間に起きて泣く。まるでその泣き声は「お母ちゃんいないんだから、楽してんじゃねえよ」とでも言いたげだ。そこから1時間ほどかけてありとあらゆる作戦をやってみたが、僕の腕では寝ていても、僕が座るだけで起きて泣いてしまう。

朝6時を過ぎて。腰も痛い。だけど、笑福を抱いたまま、朝陽が昇りだしたときに僕は決めた。立って抱いたまま寝かせようと。そして頭の中にあるすべての邪念を捨てさり、「これは修行だ」とつぶやき、9時頃まで笑福を寝かせた。お坊さんの気持ちです。

そして9時過ぎに笑福は起きた。笑福にとっては新しい一日の始まりだが、僕にとってはつながっている。すがすがしい笑福の顔とは対照に僕の顔はやつれている。だが、不思議と邪念を捨てて次の日を迎えたことに清々しささえ感じるようになった。

笑福は無邪気に笑っている。正直しんどかった。だが、世の中のお母さんたちは毎日これをやっているんだもんなと。母乳に頼れず泣いているお母さんも沢山いるんだもんなと思うと、母親という存在へのリスペクトがさらに増した。

僕は不安だった5日間を切り抜けた。この日から、笑福と僕の間の絆が太くなった気がした。僕に見せる笑福の顔の色が増えたのだ。笑福は僕を父親として認めてくれたのか？

親が子供を育てるのではなく、子供が親を育てるのだろう。

父の気づき

子供を寝かしつける時は自分の邪念を捨てよう。

初めて言ったことばは「まんま」。ではその次は？

笑福が産まれてから11カ月が過ぎました。9カ月からの成長がすごいよと言われてはいましたが、本当にすごいんですね。まあ人それぞれ、個人差はあるかもですが、ソファーの端などをつかんでつかまり立ちをし始め、一度覚えると、何度もする。そしてそのうち、ソファーをつかみながら歩く、俗にいうつたい歩きというやつですね。するとつかまり立ちをしながらジャンプしたり、窓に手を当てて立ったり、もうちょいで完全に立ちそうな雰囲気。そんな息子を見ていると人間の進化を見ているような気がします。

一度覚えたことを嬉しそうに何度もする。つかまり立ちを覚えると何度も何度もやって嬉しそうにする。自分もこうだったのだろうかと思う。

今となっては立つことも歩くことも走ることも「当たり前」ですが、子供のその成長を見ていて、立ったり歩けることに感謝したりする。北斗晶さんがブログで「ありがとう」の反対が「当たり前」だと書いていた。闘病中の北斗さんのこの言葉は重く、当たり前にできてたことが当たり前じゃなくなり、感謝する。そんな言葉を見ていたせいもあって、笑福の成長を見て、自分が今当たり前にできていることを当たり前と思わずに感謝しようと、そんな気持ちにさせてくれる。

肉体的な成長もさることながら、10カ月を過ぎて言葉を覚え始めました。最初に覚えた言葉。それは「まんま」です。ご飯を「まんま」と覚えて、お腹が減った時は「まんま」と言うようになった。この一言ってすごいなと思うのは、赤ちゃんが初めて言葉で自分の欲求を伝えられるようになるってことなんですよね。食欲は人間の本能ですから。一番大事な欲ですから。やはりそこから覚えるのだなと。前はお腹がすいた時は泣くことで表現することしか出来なかった。喉が渇いた時も「まんま」と呼ぶのですが、この「まんま」のたった一言で、コミュニケーションがかなり広がりました。

ちなみに、「マ行」と「パ行」を最初に覚えるのだなと気づきました。やたらと「マ」と「パ」を言います。なので「マ」を二回続けて言うと「ママ」、「パ」を二回続けて言うと「パパ」なのですが、赤ちゃんにとって「マ」と「パ」って言いやすいのでしょうか？

ここで一つショックなことを発表しましょう。子供が最初に覚えた言葉が「ママ」とか「パパ」という人が多いですが、多分勘違いが多いと、僕は思っています。なぜなら、うちでは「ママ」と「パパ」ではなく「お母ちゃん」と「お父ちゃん」と呼ぶように教え込んでいます。が、当然難しい言葉なので、まだ言えません。そんな中に「ママ」と「パパ」と言ったのですが、最初は「あれ？　今、ママって言った？」とか「パパって言った？」と喜んだのですが、妻と冷静になり会議を開きました。鈴木家「赤ちゃん言葉会議」です。うちではママ、パパと教えてないので、勘違いだろうと。だから仮にママ、パパと聞こえても、それは我が家ではノーカウントとしています。

先日、知人が家に来て、笑福が喋っているのを聞いて「あれ？　今、ママって呼んだよね？」と嬉しそうに言ったのですが、「我が家ではお母ちゃん、お父ちゃんと教えているので、ノーカウントです」と妻が冷静に言いました。知人はそのストイックさに驚いていましたが。

笑福が「まんま」の次に覚えた言葉。それは「ねんね」です。眠い時、抱っこしてほしい時を「ねんね」と言うようになりました。やはり食欲の次に人間は睡眠欲です。

余談になりますが、僕のブログの読者がある日のコメントで書き込んでいました。愛する旦那が病気で死んだ。病室で何日も看病し、そして亡くなり、失意のどん底に落ちたまま、一度家に帰宅し、最初に心から思ったことが、「やっと寝られる」だったと。睡眠欲は食欲の次に人間が欲する欲なんです。だから赤ちゃんもその欲通りに覚えていくのだと勉強。

じゃあ、次は何か？　そろそろでしょう。「お母ちゃん」と「お父ちゃん」。何度も繰り返し教えてはいるのですが、ハードルが高いのでしょうね。

ある日、妻が笑福を抱いていると、部屋の電気のボタンを押して、消してしまった。そして再び押すとついた。妻が笑福の行動に合わせて何度か「ついた」「消えた」と言っていたら、笑福がなんと「ツイタ」「キエタ」と覚えてしまいました。

我が息子、笑福が覚えた言葉は「まんま」「ねんね」の次に「ついた」「きえた」でした。なぜにこれを覚えてしまったのかわかりませんが、こうやって笑福が言葉を覚えながら思ったことが一つ。

僕は英会話を何度かチャレンジして挫折しています。けどね、赤ちゃんがたったいくつかの言葉しか覚えてないのにコミュニケーションが出来るわけです。だからね、伝えようと思って本気で覚えればいくつかの会話でもやっていける。けど、それを恥じらう。それが大人。恥を捨てて英語、やってみようかなと思ったりして。

赤ちゃんの成長って、いろんなことに気づかせてくれますね!!

父の気づき

赤ちゃんの成長は、自分の弱点に気づける絶好の機会である。

ママにはなれないパパ

Dad can't be Mom.

Chapter

2

1歳〜2歳

鈴木家おすすめの遊び、「乳首ビーチフラッグ」。

息子、笑福が生まれて一年。もう一年たったのかと思いながらも、やはり父勉休業と題して仕事を減らしているので、その中身は濃く、あっという間の中にも、意外とひとつひとつの出来事を噛みしめながら、この一年を過ごすことが出来たなと思ったりしています。

そんな中、妻はまだ母乳をあげています。一応、一年たったら時期を見て断乳する方向だそうです。この断乳の仕方も今後の体にとってとても大事らしく、おっぱいマッサージの先生と話しながらおっぱいをやめるのだとか。「今日からやめ！」って感じでいいのかと思ってたら、そうもいかないんですね。

妻がそのうち断乳する時はくるわけですが、断乳したら、今、笑福とやってる鈴木家の遊びが出来なくなってしまうからちょっと寂しい。

一体、どんな遊びをしてるかというと、それは「乳首ビーチフラッグ」と名付けた遊び。ＡＶ嬢だらけの運動会企画でありそうなこの名前ですが、エロいものではない。これは父と子のコミュニケーションにとてもいいのです。

笑福はここ数カ月、母乳は飲んでいますが、回数も減り、ちゃんと飲んでる感じがありません。乳首はくわえるのですが、一分もすると口から離し、しばらく顔を左右に揺らした後に、また気が向くと乳首をくわえる。母乳を飲むためというよりも、ある意味おしゃぶり的な扱いなのでしょうか。母親と子供だから乳首を使ったおしゃぶりに見えますが、これが大人の男と女だったら完全にわがままな男のペッティングになってしまいます。どれだけもったいぶるんだよ！　的なね。

妻は乳首を離した笑福に「もう飲まないの？　飲まないんだったらしまっちゃうよ」と言っておっぱいをブラジャーにしまおうとする。と、笑福はいきなりまたくわえる。その繰り返し。結局結構時間がかかる。そんな笑福を見ていておもしろい行動するなと思い、ある日、僕はとあることを実行しました。

それは、笑福が妻の母乳を飲んでいるけど、飽きて、乳首を口から離した時にあることをするのです。僕は妻の乳首に顔を近づけていくのです。そして「お前が吸わないならお父ちゃんが吸っちゃうぞ〜〜〜」と言って、どんどん僕の口を妻の乳首に近づけていく。すると、焦った笑福が「これは俺のものだ」と言わんばかりな感じで、パクっと乳首をくわえます。そして近づいた僕の顔を「こっちにくるんじゃないよ」と言わんばかりに手で思いきり押し返す。この瞬間がとてもかわいい。

それ以来、この遊び「乳首ビーチフラッグ」をよくやるようになりました。笑福が妻の乳首から口を離す。すると僕が顔を近づけて「お前のミルクをいただいちゃうぞ〜」と言って妻の乳首に口を近づける。妻も「笑福！　お父ちゃんに吸われちゃうぞー」とあおる。すると笑福が急いでパクっと口にする。

これを何度も何度もやっていると、そのうち、僕が口を乳首に近づけていっても、笑福は興味ないフリをする。だけど結局、僕の口が妻の乳首ギリギリに近づくと、笑福は急にギリギリでくわえたりする。こんなツンデレな感じもやったりする。赤ちゃんなのに大人をモテあそぼうとします。

父と子供のコミュニケーションの取り方は様々ですが、正直、母と子に比べて父と子のコミュニケーションのパターンって意外と少ない。そのバリエーションの少なさゆえに、自分にガッカリしてしまうこともあったりする。

でも、この「乳首ビーチフラッグ」を始めてからは、妻の乳首を挟んで、息子と僕と妻、新たなコミュニケーションが取れるようになりました。息子は僕と妻の体が近づくとやたら笑顔になります。笑います。だから乳首ビーチフラッグが始まると、嬉しそうなのです。

が、先日、乳首ビーチフラッグを始めると、僕の口が乳首に近づいても笑福は全然乳首をくわえてこない。ギリギリになってもくわえない。そしてついに僕がパクっとくわえてしまった。すると笑福はとても大きな笑顔で「ギャハハハハ」と笑う。息子の目には、父親が母親の乳首をパクっといっちゃった顔はどう見えたのか？

子供とのコミュニケーションの取り方は人それぞれだと思いますが、子供を楽しませようとするばかりに行き詰まってしまう人も多いと思います。だけど子供の頃、大人が楽しそうに遊んでることに憧れましたよね。

そうなんですよね、単純なんですが、大人が楽しんでる姿に子供も笑う。自分たちが楽しみながら笑いながら出来ることって大事ですね。

乳首ビーチフラッグ、おすすめです！

まあ、やる人少ないでしょうけどね。

父の気づき

親が楽しんでる姿を、子供は喜ぶ。難しく考える必要は全然なし。

『ファミリーヒストリー』で知った、さまざまな家族の本音。

ＮＨＫの『ファミリーヒストリー』という番組に妻・森三中の大島美幸が出演しました。この番組、見たことある人も多いと思いますが、その回のゲストの親から先祖、家系を調べ上げて、その人のルーツを見つけていこうという非常に優れた番組。妻のことを調べるため、スタッフが実家である栃木の田舎町に何度も通ったらしい。その番組で妻に伝えられたことは僕も知らなかったことばかり。

まず妻の名前の由来。妻が生まれた日が雪の日だったから「美しい雪」ということで「美雪」にしようとしたんだけど、妻の母が「冷たい感じがする」ということで「美幸」になったとか。それって知らなかった。

そして妻は『イッテＱ！』という番組で「親方」と言われている。一緒に町を歩いていても、しょっちゅうちびっ子から「親方」と声をかけられる。ファミリーヒストリーの調べで、そんな妻の母親の先祖に力士がいたことがわかった。地元で人気の力士でとても強かったとか。妻は番組で親方と呼ばれ、何度も相撲を取り、時には相撲でケツを出されて泣く。そしてその夫である僕は数年前からお相撲さんと関係が濃くなり、その縁で息子の笑福は5月に横綱・白鵬に抱えられながら両国国技館で土俵入りをすることが出来た。これももしかしたら先祖の力士である人がくれた力士の縁なのか？　だとしたら女性である子孫を「親方」と呼ばれるように仕組んだなんて、なかなかジョークのわかる人である。

もう一つ。番組で印象的だったこと。カレーライスだ。

妻の母親の母親、つまりは祖母は複雑な家庭だった。色んな事情があり、祖母と妻の母は血がつながっていない親子だったのだ。だからこそ本当の親子になろうと一生懸命だった。妻の母はカレーライスが大好きで、日々、祖母は娘が喜ぶ甘口のカレーライスを作った。そのカレーライスは妻の母にとって思い出の味だった。

２００８年、妻の赤ちゃんが残念なことになってしまった時。もう二度と元気になることはないかもと思うくらい落ち込んでしまった。すると週末に妻の母が訪れて、妻と多くの会話を交わすことなく、料理を作ることになった。「美幸、何が食べたい？」と言った時に妻がリクエストした料理が「カレーライス」だった。

お母さんは大島家直伝の甘口カレーライスを作り、妻が食べた。そしてお母さんは帰っていった。ただそれだけ。だけどそのカレーを食べた妻は再び笑顔になることが出来た。多くの言葉を交わすよりも、あのカレーライスに大島家の人々の沢山の愛と思いが詰まっていて、だから妻があのカレーを食べて元気になれたのだとわかった気がした。

あの時に妻に「カレーライス」と言われて、お母さんはどんな思いだったんだろう？親子って不思議だなと思えた。

番組の終盤。妻の結婚について両親に聞くくだりがあった。僕と妻は交際日0日というふざけた結婚をしている。妻が結婚した時は22歳。とても若い。しかも妻の家の子どもは妻と妹の女性二人。大事な娘を嫁に出すのは大きな決断である。

正直、そんなふざけた結婚の仕方をして、挨拶に行ったら、ご両親に殴られるかもしれないと思っていた。そしてご両親への挨拶の日。妻の実家、栃木の田舎町に行った。しかも不安だったので、森三中の村上と黒沢、芸人さんも10人ほど引き連れて行ってしまった。それだけで怒っていい。緊張しながら妻の実家の玄関を開けた。初めてお会いしたお父さんとお母さん。僕が家に上がり、正座をしようとした瞬間、お父さんの方が早く正座して「このたびはもらってくれてありがとうございます」と言った。かなり驚いてしまった。

あれから14年。お父さんは、あの時はああは言ったものの、内心怒ってる気持ちがあるんじゃないかと思っていた。僕のことを失礼なやつだと思ってるんじゃないかと。ファミリーヒストリーのインタビューでその時のことを聞かれて、お父さんもお母さんも口を揃えて言っていた。「美幸の結婚は無理だと思ってた」「だからもらってくれるだけであがたい」と思っていたと(笑)。あの時の気持ちは本心だったんだと。

それを聞き、安心すると同時に、あらためてご両親に感謝しました。

NHK『ファミリーヒストリー』は僕の心のつかえまで取ってくれたいい番組だった。

本当にありがとうございます。

ちなみにですが、話はそれますが、僕の思い出の母の料理はすき焼きです。中学・高校と6年間サッカー部に所属していたけど、一度もレギュラーになれずに終わっていった。高校三年の最後の夏、最後の試合が終わって家に帰った。お母さんは「6年間、お疲れさま」と言って、すき焼きを作ってくれた。あの時のことをすごく覚えている。

笑福がこれから大きくなって、一歩を踏み出したい時に……。妻もあのカレーライス、作る時、くるのかな……。と思ったりして。

父の気づき

すべてのことに理由があって、それは家族の歴史につながっている。

叱るときには叱る。大事なのは、愛情があるかどうか。

子供の叱り方。これは非常に難しい。正解がないからだ。だけど、自分のやり方をみんなの正解だと思いこんでいる人も少なくない。「厳しく怒ってはいけない」「口で注意しても意味がない」とか。それを聞いていて思うのは、子供ごとの個性もあるし、環境もあるし、そのやり方がみんなの正解ではないということだ。

やっかいなのは「今の科学でわかったのは」と科学を持ち出してこられた時。科学だって日々更新されているから絶対の正解ではないと思っている。

うちの家はうちの、妻は妻のやり方を見つけだして、息子・笑福に叱ったり注意するべきだと思っている。と書いたところで、今回は妻の叱り方について。

息子・笑福が一歳になり、妻が最近、笑福を叱りだした。一番はテレビ画面を叩く時だ。笑福はテンションが上がるとテレビの画面をバンバンと叩く時がある。これ結構あるあるのようだが、子供の力は強い。これによりテレビが壊れたって経験を持つ人も少なくない。

笑福がテレビの画面をバンバン叩くと、妻は笑福に向かって、大声で「コラーーー！」と叱る。かなり大きな声だ。この声で叱るのはテレビの時だけかもしれない。他にもやってはいけないこと、やめてほしいことは沢山するが、まずは、テレビの時だけキチンと叱る。

その声はさすが芸人、かなりの声量だ。「コラーーー！」と叱る。伸びる。が、残念ながら息子は笑ってしまう。正直、妻がテレビで「コラーーー！」と叱ったら笑ってしまうだろう。そこも芸人。怒る顔もどことなくおもしろい。子供は見抜いてしまうのだろう。

しかし、テレビを叩く度に、妻が大きな声量とまじめな顔で叱り続けていたら、最近はだめなことなんだと気づいたらしく、嘘泣きするようになったのだ。それもわかりやすい嘘泣き。その嘘泣きの顔。なんかに似てるなと思ったら、妻がテレビで見せる嘘泣きの顔だった。妻が黒沢と相撲を取り、ケツを出されて投げ飛ばされた後に見せる嘘泣き。その顔にそっくりなのだ。息子が嘘泣きした顔で妻もつい笑ってしまい、妻が笑うので結局息子も笑ってしまう。叱るのって難しい。

もう一つ。妻が叱る。というか注意することがある。言葉を覚え始めた息子は、ご飯のことを「まんま」と言うのですが、ご飯以外のことも「まんま」と言う癖が出始めた。まんまじゃないけど、まんまに見えるのかもしれない。

50センチくらいの象のぬいぐるみがある。かなりリアルなぬいぐるみで、誕生日にいただいたものなのだが、こういうリアルなものは笑福は怖がる傾向にある。一度だけ試しに見せてみようと思って見せたら、なんと象の人形に「まんま」と言い出した。やたらと握る。なんだろう。でかいおはぎにでも見えるのか？　妻が「まんまじゃないよ。象だよ」と何度も言うが、「まんま」と言い続ける。

　もう一つ。うちのテレビはネットとつながっていて、テレビをつけるとすぐに地上波になるのではなく、ＹｏｕＴｕｂｅとかＨｕｌｕなどから、いろいろとおすすめをしてくれる。一番はＹｏｕＴｕｂｅのヒカキンをおすすめしてくれることが多いのだが、ある日テレビをつけると、とあるユーチューバーのチャンネルをおすすめしていた。そこにうつっていたのが「うんち」だった。リアルな模型の「うんち」を作ったのか？　デフォルメのうんちではなく、リアルなうんちの模型のようだ。それを見つめる、息子、笑福。

　すると、そのうんちを指さして、なんと「まんま」と言った。「うんち」を「まんま」と言ってしまった。それを聞いた妻は「いや、たしかに間違ってはないけど……」と言いながら、画面の「うんち」を指し「まんまじゃなくて、うんち」と何度も言うが、「まんま」と言ってしまう笑福。

　そのうち温度が上がり、声、大きめに「まんまじゃなくて、うんちでしょ」と言う妻の顔を見て、笑ってしまう笑福。やはり。間違いを正すのも難しい。

どうでもいい話だが「うんち」は肉や魚などのタンパク質が消化吸収を経て排泄されたもので、「うんこ」は野菜や穀物のみが消化吸収を経て排泄されたものという説もあるらしく、人間は雑食だから「うんち」を排泄している。妻が「うんち」とただしているのは正解だった。

結局。叱るのも注意するのも、そこに「愛情」があるかどうか。一回ずつの叱りや注意をつい感情だけでやりがちだけど、その叱りや注意の一回ずつに、愛情を持って出来るかどうかなんじゃないかと思う。

少なくとも妻の「うんち」には愛情と優しさがこもっている気がする。

父の気づき

子供の叱り方に正解はない。
自分で探すしかない。

熱中症で妻、重症。育児疲れがついにピークに？

2015年6月に笑福を出産してから、妻は、風邪などひいても一日で治してきた。病気などにはほぼなることもない妻。母として自分の健康にとても気を遣いながら育児してきた妻でしたが、一歳になった息子・笑福を初めての海水浴に連れていった翌日、見たことのない姿になったのです。

2016年春、僕の父が癌になりました。食道癌。夏になり、父の抗がん剤治療も無事終わり、ようやく元気になったということで、7月の最終日に、妻と息子、3人で僕の実家に行きました。千葉県・南房総市。家から海まで歩いて3分という場所です。

久しぶりに笑福を抱いた父はとても嬉しそうでした。癌経験者の人に言われたのですが、本当に些細（ささい）な一言で励まされることがパワーになると。特に孫と会ったりすることで本当に力が湧くと。父は74歳。以前よりは痩せましたが、その腕でしっかりと息子を抱く。生きててくれてよかったと心から思う。

その日はまさに猛暑。激晴れの中、妻と息子と一緒に3人でお墓参り。そして海に行きました。近くの海水浴場で笑福の初の海水浴体験。海パンにもなるオムツをはかせていざ行ってみると、波を見て怖がる息子。そして僕の体を絶対に離そうとしない。波打ち際に近づき、笑福の足を波に近づけようとすると、もう号泣。「やめろ〜〜〜！　やめてくれ〜〜〜」と言わんばかりに叫んで拒否。そのさまもまた可愛いのですが、笑福の人生初の海水浴はたった10分。足10センチで終了。

父の癌が完治して再発しないことを強く願って、実家を離れ東京に戻ってきたのが日曜夜。そして翌日。朝、僕が作った朝ご飯を半分以上残す妻。「なんかとてつもなく体がダルい」と言う。体がかなり張っている。昨日の帰省、かなり疲れたのか？

息子を保育園に連れて行き、妻も僕も仕事に。夕方一本会議を終えたところで、妻から電話。気づくと数分の間に10回以上の着信。何か起きないとこんなにしつこく電話してくるのはストーカーくらいだろう。電話すると妻は、かなり息を切らしている。「ダメだー。体が動かない。笑福の面倒が見れない」とかなり辛そうだ。こんなこと笑福が生まれてからなかった。会議をキャンセルさせていただき、そっこう家に帰る。

着いたのは夜6時前。家に入ると、妻がソファーの上で倒れている。もう一人では立てない状態。ここで意識をはっきりさせるのがやっとだったのだろう。笑福は、倒れる妻の横でじっと立っている。熱を測ると7度ちょい。妻は体の節々が痛いと。頭痛も。ベッドに連れて行ってとりあえず寝かせる。妻は「熱中症かもしれない」と言った。前日の猛暑の中の墓参りと海。それが原因か？

一時間たって体が火照ってきたので、測ってみると熱は一気に9度を超えた。やばいと思い、病院を予約。妻の母に電話すると、看護師でもある母は栃木からすぐに駆けつけると。病院に行くと「脱水症状」と診断された。点滴を打ち、一度は元気になったものの……夜遅めに、妻の母が駆けつけ、妻の体を冷やす。とにかく冷やさないといけないと。妻は「寒い寒い」と言う。頭痛、全身の筋肉関節が痛く、まったく動けない。夜中に熱は40度を超えてしまった。妻が40度を超えたのは子宮筋腫の手術をした夜とこの日だけだとか。いろいろ聞くと猛暑の中で妻はあまり水分をとらなかったらしい。それが一番いけないことだと。プラス、クーラーとの寒暖差も原因だと。

熱中症というものを色々調べてみると、まるでインフルエンザ並み、いやそれ以上の苦しさを味わう人も多いらしく、少なくとも三日。長い人だと一か月近くひきずる怖い病気なのだとか。僕も自分が構成している番組で熱中症の怖さとか、取り上げたことあるくせに、心のどこかでは「日射病の強めのやつだろ」くらいにしか思っていなかった。

喉がそんなに渇いてなかったとしても、暑さの中で水分をうまくとっていかないと脱水症状を起こし、人間からかなりの生命力を奪い取る。高齢の方がこれで命をおとすのもよく理解できた。

結局妻は、二日目になっても熱があまり下がらず、頭痛は激しくなった。が、二日目の夜に、妻の母からもらっていたロキソニンを飲ませると、一時間で大量の汗が出て、翌朝6度台に熱が下がった。そこから一週間かけて、ゆっくりと治っていった。

妻は産後初めてベッドに倒れたが、産後の育児と、仕事を再開してからの日々が確実に体力もメンタルも疲れさせていったのだろう。「ここで一回、休憩しなさい」と神様が言ってくれたのだと前向きに理解しつつ。でも、さすがに40度の熱って焦りますね。

あとで妻に聞いた話ですが、妻がソファーで倒れて動けなくなった時に、息子・笑福は妻の横で立ち上がり、泣くこともなくただじっと見守る。そして時には妻の手をギュッと握ったのだとか。一歳にして母親を守ろうとするその本能。すごいですね。その話を聞き、息子・笑福の頭をなでまくる。「よくぞ、母ちゃんを守ってくれた」と。そんな笑福に、僕が「熱中賞」です。

父の気づき

育児の疲れは、自分が思っている以上にたまっている。

妻とふたりの時間を過ごす、保育園帰りのモーニング。

息子、笑福は1歳2カ月を越えて、歩き出しました。母によると僕も1歳2カ月で歩き出したとのことで、なんだか同じ月数で歩き出したことがちょっと嬉しかったりします。

親子なんで似てる部分が多いのは当たり前ですが、やっぱりね、息子との共通点が見つかると嬉しいものです。顔はどんどん妻に似ていってるのですが、そんな中で、息子は手と足の指の爪の形が僕とそっくりです。こんな爪の形まで似るんだと、驚くと同時に嬉しい。ちなみに僕は足が29センチもあります。靴を探すのにかなり苦労します。息子の足も大きくなりそうだなと想像してまた嬉しい。そして体がちょっとアレルギー体質。妻は全くアトピーはありませんが僕はアトピーです。子供がアトピーにならないではほしいですが、アレルギー体質が似てるのかなと思うと、喜んではいけませんが、親子なんだなと感じたりします。

そして、息子はビビりです。かなりの臆病者感がでていて、ここも僕にそっくり。そういう弱点まで似てるところに、親子としての嬉しさを感じてしまったりします。

保育園に通いだしてしばらくは、朝、先生に笑福を渡すときに毎日泣いていました。

僕も保育園に行き、母と離れるときに泣いていた記憶があります。ただ息子は1週間もすると泣かずに、泣くのを我慢して保育園の中に入るようになりました。その我慢する顔にキュンとキテしまいますが、そういうところは妻に似たんでしょうか？

保育園、送りは切ない顔をしますが、迎えに行ったときに僕の顔を見たときの笑顔。あれはたまりませんね。毎回恋をするような気持ちになる。だってね、大人になって自分の笑顔を見て、満面の笑みを向けてくれる人なんていないでしょ？　自分の顔見てとてつもない笑顔見せてくれるんですよ。職場にいますか？　あなたの顔を見て満面の笑みになる人。付き合っていたって、お互いの顔を見てめちゃくちゃ笑顔になることないでしょ？　僕の顔を見て120％の笑顔ですよ。「親だから当たり前でしょ」と言う人もいるかもしれませんが、そう考えると「親ってすげーんだな」と思うわけです。だからこその親としての責任も感じたりするのです。

歩き出して、保育園にも慣れ始めた息子ですが、この成長は、僕と妻の関係にもちょっとした変化を与えるわけです。

笑福が保育園に行くと、僕が仕事に行くまでの時間は二人だけの時間なんです。部屋の中で二人きりになる時間は、笑福を授かってからずっとなかったので、なんか最初はちょっと照れたりしました。懐かしかったり。だけど、こういう二人の時間をどう過ごすかってかなり大事な気がします。子供のことだけでなく、お互いの仕事のことや最近の報告など、子供と向き合ってると自分のことを話し合うこともなかなかないので話し合ったりする。笑ったこと、ムカついたこと。前だったら出来ていたこと。親としてでなく、夫婦としてちょっと止まってた時計が進みだした感じがします。

こないだは妻と一緒に息子を保育園に送りに行きました。妻の提案で一緒に行って、帰りに二人で朝ご飯を食べることにしました。おしゃれなパン屋さんで、モーニングをやっていて、「おいしい」と評判のお店だと妻が誰かに聞いたらしいです。妻と店に入ると、もう、朝の時間を有意義に過ごしているちょっとセレブな人達も結構いる。出てきたのは分厚い食パンのトーストとサラダ、目玉焼きにベーコンとスープ。確かにうまい。食パン一枚が半分に切られて入っているのだが、コンビニなどに売られてる食パンの二倍の厚みはあって、食べ応えがある。それを食べながら妻と向き合う。最近はずっと妻を見ると一緒に笑福の顔もあった。だけどその瞬間、妻の顔だけ。これも懐かしい。妻と二人きりで外食するのも久しぶりなわけですから。

僕らにはかなりおしゃれすぎるカフェだったが、妻が食べ終わったあとにあることを言い出した。「確か、ここのモーニング、パン食べ放題だったと思うんだよな」と。そんなことはメニューにも店内にもどこにも書かれていない。だけど妻は誰かに聞いた情報だと主張。っていうか、その前にね、分厚いパンを一枚食べきったんですよ。僕はかなりお腹一杯なんです。「え？　まだもう一枚食べたい？」と言うと、「食べ放題だったらもったいないでしょ」と言う。そこで妻が勝負に出た「すいません、パンお代わりください」と言った。すると店員さんが「わかりました」と言って、数分後、その分厚い食パンのトーストを一枚持ってきた。妻は嬉しそうな顔をして思い切り食らいつく。朝からこんな分厚いパンをよく二枚食べるなと思いお会計に。レシートを見ると、お代わりで頼んだ食パンの値段がしっかりと明記されていた。妻は店を出て叫ぶ。「食べ放題じゃねえじゃねえかよ」と。そんな妻の食欲旺盛ぶりを感じることが出来た朝。笑福を授かる前は、しょっちゅうこんなことあったなと懐かしくも思いながら、こういう瞬間を感じることがやはり大切だなと思う。

笑福よ、こんな時間をくれてありがとう。

父の気づき

子供を授かったからこそ、二人の時間の過ごし方を大切にしたい。

親も子もつらい断乳を、「へのへのもへじ」で乗り切る。

断乳。この言葉を知ったのは、息子を授かったあと。子供にあげている母乳をやめることを断乳という。

「断ち切る」という意味での「断」って文字を使って、「断」＋「乳」というそのミスマッチさになんか迫力すら感じました。だって「断水」と同じ感じでしょ。

通っていた「おっぱいマッサージ」の先生に言われたタイミングで「断乳」を決めます。街中に「おっぱいマッサージ」と看板が出ていたら、男性は全員風俗だと思うでしょうが、そうではありません。毎回、そこに通うと、おっぱいをマッサージして母乳の出を良くし、様々なアドバイスをしてくれるのです。みんなが同じタイミングというわけではなく、母親の体や性格、子供の成長、など様々なことを見ながら判断するのです。

うちは、息子、笑福が1歳2カ月と半分ほど過ぎた時にその日がやってきました。おっぱいマッサージの先生が、「9月13日に決定で」とちょっと前から妻に告げました。ここからは人それぞれ、色んなスタイルがあります。断乳する一週間ほど前から子供に「あと◯日でおっぱい終わりだからね」と教えていく派。うちの先生は、子供には予告なしで、いきなり告げるのだそうです。ただ、子供は絶対その空気を感じるのだと。

9月13日の朝。目を覚まして「パイパイ」とおっぱいを欲しがる息子、笑福の目を見て妻が言いました。「笑福ね、今日でパイパイとさよならなんだ。もう大丈夫だよね？」と言うと、笑福はさみしそうな顔をします。妻がおっぱいを出すと乳首にくらいつきます。息子がおっぱいを吸いだすと、妻は急に泣きだしました。正直ね、自分の子供を授かる前だったら、「断乳」というものがどれだけ寂しく辛いものかなんてわかりませんでした。だけど今はわかります。

子どもは最初ずっと妻のお腹の中にいた。そこから出て、つまり最初の「離れ」があってこの世に出てくる。次はヘソの緒です。繋がっていた部分を離すことによって、「誕生」となるわけです。子どもと母親を結んで栄養を与えていたものがなくなった代わりに、今度は母乳をあげるわけです。毎日毎日、自分の腕の中に包んで自分の体から生み出されたものをあげる。生きてきて自分の体内のものを人にあげるなんて、これが人生初になるわけですよ。それがなければ生きていけないわけです。だから赤ちゃんは一生懸命吸う。そして成長していく。日に日に大きくなっていく子供を腕で包みながら母乳をあげる。これがその日の授乳を最後になくなるわけです。そりゃ泣きますよね。今はその気持ちがわかります。なんだか見ててもらい泣きしそうでした。

妻は泣きながらおっぱいをあげて「笑福、これでパイパイ最後ね」と言うと、笑福は笑いながらもおっぱいを吸いながらおっぱいに向かって「バイバイ」と手を振っています。やはりわかっているのでしょうか。息子が吸い終わりました。涙をぬぐう妻。最後の母乳。ただ本当の勝負はここから。再び「パイパイ」を求めて来た時に、諦めさせないといけない。これ、一日で断乳出来る子供もいれば、毎日ごねて、泣いて、特に夜は寝ることが出来ず、断乳するのに何日もかかる子もいるのです。そんな個人差があることも初めて知りました。

妻は、先輩ママである森三中の村上からある作戦を教わっていました。それは、最後のおっぱいをあげて、次欲しがった時に、体に「へのへのもへじ」の絵を書くこと。おっぱい飲むためにお母さんの胸を見たら、なにやら文字が書いてある。「いつものおっぱいじゃない」「あれ？　これ違う」と認識して、おっぱいから離れる第一歩になると。妻は、水性ペンで自分の体全部にへのへのもへじを書きました。腹、胸、体全てをキャンバスに大きなへのへのもへじ。そして笑福がパイパイを欲しがった時に、その体を見せました。すると笑福がフリーズ。「あれ？　違うぞ？」と。妻の乳首を何度も何度も指ではじいたり、ツンツンしたりして、吸わない。何度か口をつけようとするが、妻が「パイパイ、バイバイ」と言うと、乳首を吸わずに、胸に顔をつけて添い寝状態。

結局、この絵が効いたのか、笑福は無事、断乳成功しました。とはいっても、もちろん初日の夜は、パイパイを求めて泣きました。が泣き疲れて寝ました。次の日の夜は、パイパイを求めましたが、泣くまでもなく寝に入りました。3日、4日とたって、パイパイなしでも、寝ることが出来るようになりました。その姿を見て、子供は歩くようになったり、話すようになったりが成長だと思っていたけど、断乳という形で子供と母親も大きく成長するのだと知りました。

後日、妻が、村上にへのへのもへじ作戦のことを伝えると、「へのへのもへじはおっぱいだけに書くのだ」と。おっぱい一つ、一つにへのへのもへじを書く。が、妻は体をキャンバスに大きく書いた。つまりは、へのへのもへじのほとんどは妻の腹に書かれている。そう、半分以上、腹文字だったのだ。

でも、体いっぱいに書いたへのへのもへじ、そういえば最初に笑福が見た時、笑ってた。もしかしたら気を遣って、おっぱい吸わなかったのかも。断乳、成功。

父の気づき

何かから離れることも、人にとっての大きな成長なのだ。

自分は格好いい夫でいるか？　客観的に考えてみる。

息子・笑福を授かって1年3カ月がたち、断乳も成功。息子もどんどん歩き始めて、何を言ってるかわかりませんが、長い言語も話し始める。乳児から幼児に進化を遂げる中、出産後、妻と衝突しました。

理由は、保育園の送り迎えについて。妻はこの秋から深夜ドラマに出演する。出演を悩んでいたが、僕が出演を強く押した。原作もおもしろかったし、テレビ東京の深夜ドラマ枠といえば名作も生みだしている。しかも「主演」。撮影は週に二日、育児のスケジュールもかなり考えてくれる中でのオファー。妻はレギュラー仕事以外は、結構セーブしています。僕は言いました。自分も育休を終えて仕事をやっているけれど、「一緒に話し合って、スケジュールを考えて協力するから、出た方がいい！」と。

当たり前ですが、ドラマは朝が早い。ということは保育園の送りを僕がやる回数も増える。僕は保育園に迎えに行くのも送りに行くのも好きだ。ただ問題が、僕も来年1月からの連続ドラマの脚本を引き受けてしまったため、かなりのハードスケジュールに。

息子・笑福は日によっては朝6時には起きる。妻が6時に出発してしまうと、僕しかいない。夜中までドラマの脚本を書き、寝てちょっとすると笑福が起きる。6時に起きてから9時に保育園に送っていくまで、全力で動き回る。この3時間で44歳のおじさんの体力が失われていきます。大体テレビ番組の会議は昼頃から始まります。笑福を9時に送っていき、会議に行く12時くらいまで原稿を書こうと思いますが、あまり寝てない状態で笑福と遊び、保育園に送っていくと、正直、僕の充電池は10%も残ってない。充電しないと動けない状態で寝てしまい、そして起きて焦る。会議に行き、夕方に息子を迎えに行き、妻が帰ってくるまでの間、笑福の面倒を見ながら、合間に脚本を書く。この忙しさは、僕の目線。妻は息子を寝かせてから、台本を覚えて朝起きて、笑福の朝食を作ってからドラマに出かける。そこにくわえてレギュラー番組も入ってくる。家の掃除洗濯・そして出来る限り笑福と向き合って育児。

知らず知らずのうちに、妻と僕の体力と精神力は限界近くに来ていた。仕事と育児。両立することが大変なのはわかっている。だけど実際にそこに立ってみると、言葉で「大変だ」という以上の大変さがそこにはある。でも、二人で望んで望んで授かった子供である。弱音なんて吐きたくない。妻だってそう思っている。

そんな中でのある日の夜。妻が僕に保育園の送り迎えのスケジュールを言ってきた。
「木曜日は5時に行けるよね?」と言った。僕は「あれ？ その日無理だよ」と言うと「え？ こないだ、大丈夫って言ったよ?」とイラっとする妻。僕が「いつ?」と言うと、「ベッドの上で」。

僕が寝起きの時に妻はスケジュールを確認し、僕が空返事をしたようなのだ。僕は言ってしまった。「寝起きでそんな大事なこと聞かれても」と。すると妻は「だってあの日は寝起きの時しか聞けなかったじゃん」とイライラアップ。正直、その数日前から、妻の僕に対する言葉が強かった。そんな言い方しなくてもと思った。自分では「我慢」してるつもりだった。妻がため息とイライラした言葉を繰り返すので、言ってはいけない一番のNGワード「俺だって一生懸命やってるじゃん」と言ってしまった。

僕も気持ちのやり場がなく、自分の仕事部屋に入った。だけど、やっぱり、言ってはいけないNGワードを言ったことを反省し、リビングに戻ると、真っ暗な部屋の中に妻の影。その心霊現象のようなシルエットに「うわ!!」と言ってしまった。電気をつけると妻が泣きながら日記を書いている。真っ暗な中で泣きながら日記を書く。この行動には怒りと悲しみ、様々なものが混じって滲(にじ)んでいる。だから謝った。「まずはごめん」と。「まずは」と付けてしまうあたりに自分のプライドが捨てきれてないのがわかるが、そこから、妻も謝り、とりあえずの仲直りをした。うちは喧嘩は次の日に持ち越さないというルールだから。

翌日。僕は、出産前に、「出産後の女性の行動と言葉にへこんだり、怒ったりしちゃダメだよ。クレイジーなんだから」と言われたことを思い出した。妻は産後、産後鬱のような状態はなかったし、感情の起伏が激しくなり、僕に当たることはなかった。でも、断乳してからはイラつきも多かった気がする。ただでさえホルモンバランスが崩れているであろう中で、僕が背中を押して始めた仕事で時間的にも精神的にも追い込まれている。なのに、僕は自分のことだけ考えている。これ客観的に見たら??

僕は自分を客観的に見る客観力は高い方だと思っている。「自分が今ドラマの出演者だったらどうだろう?」と考える。そうすると、明らかに妻と衝突した時の僕は視聴者が超腹立つやつじゃん。格好悪い夫じゃん。

育児と仕事。時間的にも追い込まれてしまう時がこれからも来るかもしれないけど、そのたびに立ち止まって指さし確認。自分を客観的に見るようにしよう。連続ドラマ「笑うかどには福きたる」で、僕はどう見えるのか？　格好いい出演者でいたいな。

父の気づき

育児と仕事、いっぱいいっぱいなときこそ、自分を客観的に見ること。

毎日の生活の中の、小さな難問をどうクリアする？

人生には小さな◯×クイズが沢山あります。日々目の前に現れる◯×クイズに答えないといけない瞬間がある。例えば会社で、髪の毛を切った女性がいる。でも明らかに前髪切りすぎた感じがする。女性は切った髪の毛を褒められた方が喜ぶものだと思っているが、明らかに前髪切りすぎ。さあ、これは褒めるべきかどうか？　どっちが正解？　褒めてみる。その瞬間、「すごく気に入ってないいんですよ」と悲しげな顔をする。人によっては「それ、セクハラですよね」とでも言ってくるかもしれない。このクイズの正解は×。

飲み会で自分の上司が部長の愚痴を話し出した。さあ、この時に、部長の文句に乗って自分も一緒に文句を言うのが正解？　◯か×か？　たいていは乗る場合が正解となるが、たまに「お前はそうやって平気で部長の文句を言うってことは、俺のことも陰で言ってるだろ？」と疑われる場合があるから難しい。

こんなことを経験した僕の知人もいる。社内の後輩女性と飲みに行ったら、やたらと「私、恋したいんだよね」と言って、お酒に酔ってベロベロになった。酔った勢いもあってか、やたらとベタベタしてくる。この時、この誘いとも思える行動に乗った方がいいか？　どうか？　正解は×。その知人男性、見事に誘いに乗って女性にキスしようとしたら……実は上司の不倫相手だったことを知らされる。難しい〜〜〜！

結婚すると、家庭での◯×クイズはどんどん増えてくる。出題者は妻たった1人なのに、意外と正解出来ない。そしてそのせいで妻はイライラする。例えば、我が家で実際にあった◯×クイズ。キッチンのゴミ袋がパンパンになっている。妻は僕にイライラする。「たまには自分で気づいて捨ててよ」と。ある時、パンパンのゴミ袋に気づき、たまには捨てようと思って、捨てに行く。すると妻がそれを知って「まだ入ったのに〜〜」と。僕から見たらそのパンパン具合に違いはないが、妻から見たら、まだ入るというジャッジ。◯×クイズに不正解で終わる。

夜中、妻が疲れて寝ていた。僕がお風呂にお湯を張ってお風呂に入る。そして入った後にお湯を抜く。と妻が起きてきて「私、まだ入ってなかったのに」と。かなり不機嫌。その時、心の中で思う「お風呂入ってないなんてわからないも――ん」と。だけど妻からしたら、そういう空気に気づいてほしいということだそうだ。そんなクイズ、正解出来ないよ――！

こんな難しいクイズもあった。妻が作ったご飯を食べる。正直、味付けがイマイチだった時があった。妻は自分で気づいていたらしく「もっと味が濃くても良かったよね」

と言ったので、「そうだね」と言うと、寂しげな顔。やっちまった。こういう時は「そんなことないよ。おいしいよ」と小さな嘘をつくのが正解なのだ。人は嘘をついてはいけないと教わってきます。だけど、時には嘘も必要なのだと、こういう時に痛感する。落ち込んだ妻のテンションを上げるのは大変だからね。

そして。息子、笑福を授かってから、その◯×クイズはさらに難しくなった。

ある日、夜中、僕が仕事から帰ってくると炊飯ジャーにお茶碗一杯分のご飯が残っていた。妻は毎朝ご飯を炊いているので、もったいないから食べちゃったほうがいいだろうと思い食べてしまう。すると朝起きた妻。「あれ？　ご飯食べちゃった？」と。僕は「うん」と答える。すると妻は「なんだよ〜。一杯分、チャーハンにして笑福に食べさせようと思ったのにぃ」と深いため息。そこで思う。「そのクイズには正解出来ないよ〜〜！　だっていつも、ご飯が余ってたらおにぎりにして食べちゃおうか？　とか言うじゃ〜〜ん。何でその日だけチャーハンにしようと思ったの〜〜」と。どんなクイズ王でもそのクイズには正解出来ない。

最近出題された一番難しいクイズはこれだ。夜、僕がお風呂から出てくると、バスタオルがかかってるところに子供用のタオルがかかっていた。

10分ほど前に、妻が笑福をお風呂に入れたため、その子供用タオルは濡れている。僕は大人用のバスタオルを出して、体をふいて、そこにかける。すると、それを発見した妻が、その僕が使ったタオルを見て「なんで新しいタオル出すの〜？　ここにタオルかけてあるでしょ〜」と言った。さすがに僕が「いや、これ笑福のでしょ」と言うと「これで十分、ふけるじゃ〜〜〜ん」と言った。確かにふける。ふけることはふけるけど、小さめだ、それに笑福の体をふいたから濡れているのだ。それを言おうとした時に「誰が洗濯するのよ〜〜〜」。とこの一言を言われると、もう反論禁止。確かに、その通り。すべて洗濯をしてくれるからだ。絶対正解出来るわけないクイズだが、不正解したので謝る「ごめんね」と。昔、意地悪なぞなぞというのがあったが、まさにその域にも入ってきていると勝手に思う。だけど息子が我が家の中心になってくると、夫にとってはクイズも結構不条理になってくるのだろう。

だけど、どんなに難しい問題でも、旦那はこのクイズの正解率を上げなければいけない。我が家のクイズ王になりた〜〜〜い！

父の気づき

家庭の○×クイズは、子供を授かるとさらに難問になる。

親子間のツンデレは、実に濃密なコミュニケーション。

飴（あめ）と鞭（むち）という言葉がありますが、いい奥さんは飴と鞭の使い方がうまいと思います。うちの妻も僕に対してとても厳しい。妻はかなりの綺麗好き。部屋を汚すということに関してはとても厳しい。「なんで、これが出来ないかな」と、学校で赤点ばかり取ってる生徒のような扱いになる。だけど、僕の仕事などに対しては誉（ほ）め方が上手で、中途半端に誉めない。誉める時にはキチっと誉める。時には「天才!!」とまで言いきるから、99％怒られてもこの1％で自信が持てる。

この飴と鞭、恋愛だと「ツンデレ」なんて言い方をします。一時の流行語で終わると思ったら定番ワード入りしているこの言葉。みんなといる時には高飛車で自分にも冷たいのに、二人になると甘えてきたりするツンデレもあれば、付き合っていて基本なんだか冷めている、沸点が低いのに、時折、自分から抱きしめてきたりするツンデレ。ツンデレは相手に「油断させない」という恋愛だと僕は思う。人間はすぐに油断する。特に男は。付き合う前は本気で追いかけていたくせに、付き合うと決まると油断する。「俺のものになった」途端にその努力をしなくなり、浮気に走ったりする。だからこそツンデレ彼女は、男心をよくわかっている女性なのだと思う。このツンデレは親と子どもにも当てはまることなのだと思った。

完全に仕事復帰してからの最近の僕は舞台の演出やら、来年から始まるドラマの脚本やらで結構忙しい日々が続いている。朝もなかなか起きられず、息子、笑福を保育園に連れていく妻にベッドに入りながら「よろしく」と言うのが精一杯な日々が続いていた。

父勉と称して1年間仕事をかなり休んでいた時に比べたら、息子・笑福とかかわる時間は明らかに減っている。が、その中でも自分なりに時間を見つけては向き合っているつもりだった。だが、その数日は本当に疲れていた。

笑福は朝7時には起き、保育園に行くのは9時過ぎ。7~9時の間に、寝ている僕にタックルしてたたき起こす。1歳5カ月。まだ会話は出来ないが、彼なりの言葉で何かを訴える。遊んでくれと言っているのだ。体力のある日は半分起きて遊んだりジャレたりしていたのだが、まあ、その数日は疲れて何も出来なかった。寝ている僕のところに笑福が入ってタックルしてもリアクションもしてあげられなかった。

そうしたら、である。ある朝、笑福が部屋に入ってこなかった。入ってきてタックルされてもその体力はなかったのだが、入ってこないと寂しくもある。なんだろうと思ってリビングに行くと、保育園に行く準備をしている笑福。妻が「お父ちゃん、来たよ~」と言うが、笑福はこっちを向いてくれない。全然笑顔を見せてくれない。妻が「車を出すので、笑福を連れてきてほしい」と言ったので、笑福を抱く。抱くことを拒否はしないが、明らかに体をかなり無理な体勢でひねり、僕を見ないのだ。何度も話しかけて、変顔をするが、何もリアクションしない、手にしたトーマスのおもちゃをずっといじっている。この時点での僕はトーマスのおもちゃに100対0で負けている。

車まで笑福を連れていき、妻が「はい、お父ちゃんに挨拶しな」と言っても全然手を振ってくれることもない。とにかくツンとしている。話しかけてもツン、抱いてもツン、車に乗せてもツン。最後までツン。ツンツン攻撃の息子。たまらず妻に言ってしまった「なんか、笑福が今日、ツレないなぁ」と。逆にスネたくなってしまった。妻は「まあ、そんな日もあるでしょ」と言うが、なんか寂しい。いやすごく寂しい。その日は結局夜中まで帰れず。ずっと笑福のツンが気になったまま寝る。

翌朝。扉が開き、走ってくる音。笑福が走ってきて僕にタックル。昨日のツンは一日で終わり、笑顔でぶつかってくる。僕は疲れていたが、笑顔を取り戻してくれた笑福のことが嬉しくて嬉しくて疲れた体を起こして、遊ぶ、ジャレる。が、僕も44歳。朝方までドラマの本を書いていたので、体力という電池がキレて、10分ほど遊んだが、寝てしまった。起きるとまだ笑福は保育園に行ってない。電池切れした僕に、またもやツン攻撃が始まると思ったが、ずっと笑顔。その日は妻の車に送っていくまでずっと笑顔で、車が発進する時までずっと僕の方を見て名残惜しそうにしていて。なんてかわいいやつなんだ。昨日のツンがあったからこそ、その笑顔がとても光り輝く。まさにツンデレ王子。

お休みしていた時には、ずっと笑福といることが出来たけど、僕が完全仕事復帰してからはその面積は減っている。笑福は言いたかったのだと思う。「たとえ時間がなかったとしても、ちょっとはコミュニケーション取ろうぜ！　俺たち父と子じゃねえかよ！」と。コミュニケーションは時間だけの問題じゃない。その瞬間の愛情量の問題だと思う。たった数分でも、十分の愛情をかけて取れるコミュニケーションもある。忙しさにかまけて、それすら捨ててしまおうとした僕に、息子笑福はツンデレ王子となって教えてくれたのだ。なんて厳しい1歳半。妻と似ているのかもしれない。

父の気づき

いいコミュニケーションは、時間の長さの問題じゃない。

川の字で寝たい。そんな当たり前のことが叶わない理由。

僕は妻に言えなかったあることがある。それは……。

結婚して14年。息子・笑福が生まれてから、実は妻と僕と息子は同じベッドで寝ていない。笑福が生まれてすぐに、一緒に寝られるようにと、広めのベッドにした。が、今、僕だけはソファーで寝たり、違う部屋にマットレスを敷いたりして寝ている。なぜ一緒に寝ないのか？　不仲？　違う。その理由は僕のいびきだ。

僕はもともといびきをかくタイプではなかった。じゃあなぜいびきをかくようになったのか？　加齢？　それもあるかもしれない。でも一番は太ったことだ。妻と結婚してグイグイ太っていくことにより、いびきが出るようになっていた。一度タニタのダイエットをやって痩せた時にはいびきはなくなっていたみたいだが、再び太り始めると同時にいびきも出始めたみたいだ。毎日出るわけではないみたいだが、とても疲れた時はいびきの音量も大きいようだ。笑福を授かる前はいびきも見逃してもらえた。あまりに大きい時は、何度か起こされたこともあるが、「まあ仕方ない」ということで、妻と一緒のベッドで一緒に寝ていた。

しかし、笑福を授かってからは変わった。最初の3～4カ月は自分で一緒に寝ることを辞退した。なぜなら赤ちゃんの笑福を僕と妻で挟んで寝ると、寝ぼけて僕が足でも笑福の体に落としてしまったらとんでもないことになると。ネガティブシミュレーションをしたら怖くなったので、首が座って、ちょっと体が大きくなってから一緒に寝ようということになった。

親子3人そろって川の字で寝たい。早く笑福の首が座って体がしっかりしてこないかなと願った。ちなみにだが、生後3カ月くらいの時に息子・笑福の寝顔を見ようと部屋に入ったら、妻の右足が思い切り笑福の体の上に乗っていたので、その練馬大根よりも食べがいのある大きな大根、いや妻の足をゆっくりと笑福の体から剥(は)がしたことがある。で、笑福が生後半年を過ぎ、体も大きくなってきたので、妻から「そろそろ一緒に大丈夫かもね」とお許しをいただいた。いよいよ待望の川の字寝。word of river sleeping! と中一的な英語にしてみたが、とにかく、憧れの3人そろっての睡眠。その初日、途中で妻の手がとんとんと僕の体を叩き、僕は目覚めた。妻が言った「ちょっといびきがうるさいかな。笑福が起きちゃう」。僕は「気をつける」と言って寝たものの、いびきなので気をつけようがない。再び眠りに入ると、妻からの体のタップ。そして「いびき、うるさいなぁ」と。だからその日は諦めて、ソファーに移動した。

翌日、また3人で寝る。が途中で、妻の手が僕を叩きいびきの注意。そして僕だけソファーに移動して睡眠。同じ行動を数日繰り返して、妻から言われた「いびきがうるさいから、笑福がもうちょっと大きくなるまで無理かな」と。そこで僕は思う。「大きくなるっていつだよ――――」と。「大きくなってもいびきがうるさかったらダメでしょ――――」と。妻が母親になった瞬間、優先順位の一位は子供であって、子供もが生活しやすいようにするのは当たり前だ。だけど、一緒に寝れないなんて。川の字で3人で寝れないなんて。僕はその日から、再び完全なソファー睡眠とマットレス睡眠をするようになった。いつか妻と笑福と同じベッドで寝られる日が来るのを信じて。

僕の周りには太った人が多い。実はお相撲さんで呼吸器をつけて寝ている人が多いと、知人に聞いた。その人もつけて寝ている。つけて寝るといびきが出ない。しっかり鼻呼吸をして、深い睡眠に入れる。僕もそれを勧められた。それで寝ればいびきが出ないわけだから3人で一緒に寝られるのだ。だが問題がある。一度呼吸器をつけて寝るようになると、それをして寝なかった日と体調にかなり差が出来るらしい。一度つけてしまうとそれがないといけない体になる。旅行に行くにもその呼吸器セットを持っていかねばならない。さすがにそれは面倒だ。だから僕は、妻と笑福と寝られる日が来ることを夢見て、一人寝ながら夢を見る。

と、ここまで書いておいて最初の一行に戻るのだが、僕が妻に言えなかったことがある。ずっと言えなかったこと。だけど先日のこと。笑福が風邪をひき、保育園を数日休むことになったので、実家から妻のお母さんが助っ人に来てくれた。お母さんが来た時は、妻と笑福とお母さん、3人で川の字で寝る。羨ましい。

そのお母さんが妻にあることを言って帰ったらしい。「今日、お母さんに言われたんだけどさ……私もいびき、かなり大きいらしいね」

そう！ そうなのだ！ 妻もいびきが大きい!! それを言うに言えぬまま、ずっと過ぎてきた。

お母さん、言ってくれてありがとう。妻のいびきが大きくても笑福は起きることはない。だから、きっと僕が一緒に寝ても……と思うが、僕と妻のいびきがプラスされて、1＋1が10になったら、さすがに笑福も起きるかも。そう思うと、まだ一緒に寝れない自分がいる。早く川の字で寝たいよ〜〜〜〜！

父の気づき

夫婦だからこそ、
言いにくいこともある。

この言葉が苦手な人は、実は多い。イクメンと呼ばないで！

何度も言いますが、イクメンという言葉が嫌いです。それはなぜかと考えてみたら「イケメン」という言葉に近いからだと思います。そんなことが理由かよ！　と思うかもしれませんが、美人ではない女性も美人というものに何かしらのコンプレックスを抱いているはずです。妻も美人に対して嫉妬はしてないと思いますが、テレビを見ていると美人の女優やアイドルを見て「あ、こいつ目、イジったな」とか「あ、こいつ鼻やったな」とか、芸能人美人整形パトロールをするのが大好きです。これはおそらくゆがんだ形の美人へのコンプレックスだと思うのです。

世の中の男性もイケメンじゃない人の方が多いはずだからこそ、イケメンという言葉が好きではない男性も多いはず。イケメンという言葉が誕生したせいで、女性が「あの人格好いいよね」と堂々と発言できるようになった。この「イケメン」誕生以前は、女性が男性の容姿を批評することにもっと照れと恥じらいがあったはずなんです。だけど、この「イケメン」という言葉でそれがなくなり、イケメンではない男性達がちょっとだけ生きにくい世の中になったのも事実。だからこそ、この「イクメン」という「イケメン」をひっかけて生まれて誕生してしまった言葉が僕は好きではない。

先月、仕事で出会ったイクメンのイベントなどを仕掛けている人達が「実はイクメンという言葉、父親達から評判良くないんですよ」と言っていたので安心した。

で、先日、夫婦で「ペアレンティングアワード」というママ雑誌・育児雑誌が出版社の垣根を越えて決める、光栄な賞のカップル部門をいただいた。その席でつるの剛士さんがパパ部門で受賞して来ていた。昨年、奥さんが5人目のお子さんを出産し、つるのさんは一カ月育休を取った。その一カ月は奥さんを水場に立たせないと決めて、炊事洗濯掃除、すべてをやりきった。その結果、子育てをしている奥様がなぜママ達で集まって愚痴を言い、料理をインスタにアップするのかなどの気持ちがよ〜くわかったと言って爆笑と共感を取っていた。一カ月にすべてが凝縮している。なんて格好いいんだと思った。僕は仕事を減らして一年間、育児に向き合ってみたものの、毎日妻の料理を作るのが精一杯で、すべて目の前で起こる初体験に振り回されただけで終わった気がする。

そしてつるのさんは言った。「子供が産まれてからイクメン、イクメンと呼ばれて自分で自分をイクメンだと思ったことがないけど、こんなに言われるのならば、イクメンになってやろう！　と思って一カ月休んだ」と。そしてさらりと言った。「早くイクメンという言葉がなくなるといいんですけどね」と。格好いい――！　なんて格好いいんだ！　さすがウルトラマン。最初はイクメンを持ち上げておいて最後に落とす。怪獣に散々暴れさせておいて、最後の3分でやっつけて帰って行く。ここまでウルトラマンじゃねえかよ！　でも、嬉しかったのは、そこでつるのさんの「イクメン」という言葉への思いを知れたこと。ずっと違和感を覚えていたのだ。

僕のブログのコメントにイクメンという言葉に対して、ママ達が何人も書いていた。「ママがどれだけ育児してもイクママとは呼ばれない」と。本当にそう思う。母親が育児することは当然の設定とされている。その上でイクメンという言葉が出来ていることに気持ち悪さを感じるのだろう。ただし、イクメンという言葉が誕生したことによって、父親の育児参加がフィーチャーされたことは事実だし、その効果はあったと思う。が、イクメンという言葉が逆に父親達を追いつめていることに、気づいていただきたい。

僕もたまに取材などで、「イクメンですね」なんて言われるが、本気でそんなこと1ミリも思ってない。授賞式でも妻は言っていた。「育休の一年が終わったら、料理をしなくなった。もうちょっとやってくれてもいいのに」。公の場で公開処刑である。

確かに。ドラマの脚本書きなどが始まってしまい、料理を作る時間がなくなってしまった。それどころか、夜中に帰って、炊飯器に米を入れて朝食用のご飯の炊飯予約をすることすら出来なくなってしまった。もちろん、妻と仕事のスケジュールの調整をして、息子・笑福に対して出来ることは全力でやっているつもりではあるが、たぶん、仕事を始めてからの僕のメモリが少なすぎて、妻から見たら何も出来てないだろう。

　笑福が誕生して1年半。いまだに笑福がうんちをしたときのオムツ替えはちょっとドキドキしてるし。妻がロケで夜遅く帰ってくるとき、最近は笑福が全然寝てくれなくて、抱っこして寝かしつけたと思ってもベッドに置こうとすると泣き始めて、だけど30分もたつと44歳のおじさんの腰は痛みを発し始めてこっちが泣きそうになったり。僕が笑福に作ったご飯を食べてほしいのに、途中からまったく食べてくれなくなり、頭を下げて「食べてくれよ〜」と頼んでみたり。

　つるのさんだったら、もっとテキパキやれてるだろう。だけど、僕はそうは出来ない。仕事がキャパオーバーになると、動けなくなる。その中で妻にも「仕事しながらでもいい父親になってきたじゃねえか」と認めてもらえるよう、昨日の夜中、遅くに帰ってきて、布団に入りたい気持ちをおさえて炊飯器にお米を入れて予約だけはしてみた。

父の気づき

イクメンという言葉に、追いつめられている男性は多い。

問題は発熱じゃない！　突発性発疹でわかった大事なこと。

子供がいつかかかる病気だよと言われながら、ならなかった病気、突発性発疹。急に熱が上がって、数日経ってから発疹が出てくる病気。妻はいつも息子の熱が上がると「来たか、来たか⁉」と突発性発疹を怖がっていたのですが、息子・笑福は昨年の夏にRSウィルスにかかる病気で約一週間入院したので、正直「あれより大変なことはないだろ」と思って、ナメていました。

月曜日の夜、笑福の体が熱いので熱を測ってみるといきなり8度を超えてました。だけど超元気。そのあと一気に40度。妻は「ついに突発性が来たんじゃないか？」と疑う。僕が「まだ決めつけるのやめようよ」と軽口を叩くと、妻はいつも読んで勉強している病気の本を僕の方に投げつけ「軽口の前に勉強しろよ」とでも言いたげな目で睨(にら)んできます。

翌朝、火曜日になり熱は40度のまま。妻が病院に連れて行くとやはり突発性発疹の可能性が高いと言われました。ここでとても大きな不安要素。妻が翌日の水曜日から『イッテQ！』のロケで5日間、フィンランドに行ってしまうのです。子供が高熱を出している時に、海外に行き、寒中水泳のロケをしなければいけない。なんて仕事でしょう。

妻はとにかく心配しますが、仕事に行かないわけにもいかない。育児と仕事のバランスで悩むお母さん達も沢山いると思いますが、まさに妻もそこに立たされています。

　妻が出発する当日から、妻のお母さんが助っ人に来てくれたのですが、後ろ髪引かれまくりでロケに行く妻。僕は「大丈夫、大丈夫。お母さんもいるし」と言って見送りました。40度の熱が出てても、元気だし、本気で大丈夫でしょと思っていたんです。

　妻がロケに行って初日。熱は40度ですが元気な笑福。が、この日の夜から熱が41度後半に突入し、さすがに寝ながら苦しそう。お母さんは元看護師。熱冷ましを与えると一旦は下がるけどすぐに上がる。元気なんだけど熱のせいで寝られない笑福をほぼ寝ずに看病するお母さん。さすが元看護師、スーパー体力あります。

　妻がロケに行ってから2日目の木曜日。熱が出てから4日目に入り、まだ熱は40度。「もしかしたら突発性じゃない可能性もあるんじゃないか」と思い始め、病院に。友達の子供もそうだったんですが、突発性かと思っていたら熱が一週間下がらず、川崎病という病気で入院したとか聞くので、連れて行ったんです。先生もまだ下がらない状況を見て、「とりあえず土曜日まで様子を見て考えましょう」と。

　熱だけとにかく下がってほしいと願っていたら、その日の夜、ついに8度近くに熱が下がり。翌日、金曜日には熱が7度台に下がり、体の発疹が出てきたのです。病名がわかることってまず安心出来ますよね。「突発性発疹なんだ」と思えたところで一安心。

と思ったのですが！　突発性発疹のおそろしいところは、ここからだったのです。突発性発疹は別名「不機嫌病」という人もいて、熱が下がって発疹が出始めると、とにかく不機嫌になるというのです。うちの息子は「笑福」と名付けただけあって、よく笑います。だから「うちの息子に限って笑顔が奪われることなんかない」と思ってました。「不機嫌病なんかにならない」と。でも見事に不機嫌病になったのです。

ご飯を食べようとしない、近くのものを投げる、奇声を発する。無意味にキレる。80年代に『積木くずし』というドラマがありました。中学生の娘が突如不良になり、家で家庭内暴力の限りをつくすという。そんなことすら思い出すくらい不機嫌。

一個だけ不機嫌がおさまる方法は抱っこかおんぶ。お母さんがずっとおんぶしてくれます。お母さんが漏らしました。「笑福君の笑顔はどこ行っちゃったのよ――」と。ブログのコメントにもありましたが、「突発性発疹は熱で心配してるときの方がまだ楽なんですよ」と。

金曜日に不機嫌病が始まり、土曜日、その不機嫌はもっとひどくなります。ただ、妻の妹が心配して自分の子供を連れてきたとき、なんと子供と一緒に遊んだ3時間はご機嫌がいいんです。「なんだよ――」と叫びそうになりましたが、子供が帰るとまた不機嫌大王。お母さんも僕もヘトヘト。

そして、日曜日、ようやく妻がロケから帰国。まだ発疹は消えず、妻もここで「不機嫌病」をようやく体験。笑福の豹変ぶりに驚いていましたが。おそらく突発性の不機嫌だけでなく、妻が5日間いないことへの寂しさも不機嫌にプラスされていたはずなんです。妻が帰ってくると同時に発疹も減り始め、笑顔が戻ってきた笑福。子供が笑顔でいることが普通でしたが、笑顔でいることが普通ではないというか、笑顔でいることに感謝しなきゃなと思えて。

今回、この突発性発疹を通して、すぐに色々な病気にかかる子供の育児をしながら働いてたりするお母さんに対してさらにリスペクトする気持ちが高まり、そして自分も子供の頃「不機嫌病」あったのかなと思うと、親への感謝もまた浮かんだり。子供の病気って、いろんなことを伝えてくれるんだなと。

父の気づき

病気は病気以外のことも伝えてくれる。
いつもの笑顔に感謝。

やっと「とうと」と呼ばれた、劇的な瞬間！

息子、笑福は1歳7カ月を超えて、言葉をどんどん覚えていきます。会話は出来ませんが、こっちの言うことをだいぶ理解し始めました。単語として、まずは「まんま（ご飯）」から始まり「ねんね（寝る）」、そして「ドゥー（動画）」、「ぶどう」「めんめ（魚）」と食べ物シリーズ、「あか（赤）」「うえ（上）」など色や方向も認識して覚える。そんな中、妻と僕のことはというと。妻のことは「お母ちゃん」、僕のことは「おとうちゃん」と覚えさせているのですが、言葉が長いのでなかなか覚えず。妻のことは「ママ」と呼ぶことが多い。それと同時に「かあか」とも呼びます。だけど僕のことは「とうと」とは呼んでくれません。「とうとは誰？」と言うと、僕のことを指すので、「とうと」と認識はしてくれているのですが、呼んでくれない。

そんな中、先日、妻が仕事で家を外す時に、お母さんが栃木から助っ人に来てくれまして。僕は仕事に復帰してから家にいる時間が明らかに減っています。最近は、お母さんが助っ人に来てくれた時には、お母さん一人で笑福の面倒を見ることが多い。

ある朝、笑福は起きてお母さんの方に走っていく。その時に笑福が叫んだのです。「ばあば」と。はっきりと聞こえました。僕は飛び起きて、お母さんの方に行き「今、ばあばって言いましたよね？」と聞くと「昨日から呼んでくれてるのよ」と嬉しそう。僕も驚くと同時に嬉しかったですよ。ばあばと言ってくれたことが。だけどね、だけど、「とうと」はまだなんですよ。呼んでくれてない。かあか↓ばあば、になってしまい、とうとが抜かれてしまった。これに寂しさを感じないかっていうと嘘になるでしょ。だけどね、お母さんの前で寂しい顔も見せられないから、笑福の頭をなでながら「すごいな、笑福」と褒めました。

その数日後。僕の父が病気で入院することになりました。お父さん、不安だと思って、電話しました。「わざわざありがとうな」と言う父の声は不安そう。電話を妻と代わり、妻もお父さんに声をかける。電話を切る前に、妻が受話器を笑福に向けると、なんと笑福がいきなり「じいじ」と言ったのです。二回も。初「じいじ」がいきなり飛び出したのです。

これにはうちの父も「もう涙が出そうになっちゃうよ」と言って喜んでいる。最高のタイミングで「じいじ」を放つ笑福。本番に強い男だと、電話を切ったあとに、僕と妻で笑福のことを褒めまくりました。こういう嬉しい気持ちが病気と闘う大きなパワーになりますからね。でもね、褒めると同時にね、ある気持ちが湧くわけです。「また、とうとが抜かれた」と。かあか↓ばあば↓じいじ、となってしまいました。不安になって、またそこで「とうとはど〜れ？」と言うと、僕を指してくれます。やはり認識はしているけど、言ってくれない。

知人は「た行が言いにくいんじゃないか」と励ましのメッセージをくれるが、本当の励ましにしかならない。いつになったら僕のことをとうとと呼ぶのか？　待ち望んでいる時に、ある事件が起きます。

ニュースなどでも取り上げたところもあったので、知っている方もいるかもしれませんが、僕がオーナーを務める飲食店で落書き事件があったのです。

東京の中目黒で僕はちゃんこ屋さんのオーナーをやっています。僕が店に出ることはありませんが、力士を辞めて夢をあきらめた人の第二の人生を応援するべく、お金を出してオーナーをしています。その店の店長を務める男から電話。店の壁に落書きがされていると。

なんと閉店してから次の日の朝までの間に、何者かがスプレーでかなり大きな落書きを店の壁に書いたのです。英語だか何だかよくわからない文字で。ニューヨークのビルの壁に書かれてるような、そんな落書きをかなりでかく。よくこんなでかく書いて誰にも見られなかったなと。ちゃんこ屋なのにニューヨークの店みたいになっちゃった。警察にも届け出を出しました。いい迷惑です。それを消すだけでも結構お金もかかるし、かなり目立つし営業妨害もいいところですよ。その怒りをブログに書いたら、ワイドショーやニュースなどから取材させてほしいと依頼があり、取り上げてもらった方が、犯人を捜すにも効果的かと思い、やっていただきました。

妻が家でたまたまテレビを見ていたら、夕方のニュースで、うちの店の落書きのことが出てきたらしい。心配になる妻。店の紹介で僕の顔写真が出た時に、笑福がテレビの僕の写真を指して言ったらしいのです。

「とうと」

そこで言うか―――!　妻が喜んで報告をくれました。「ニュースを見て、とうとと言ったよー」と。落書きされた結果、とうとと呼ぶ。風が吹けば桶屋が儲かるとは言いますが、ちゃんこ屋が落書きされて息子がとうとと呼ぶ。そんなことあんのかよ――――!と。

とうとと言われたことは嬉しいですが、犯人は許しません!!

父の気づき

父親は何かと後回しになる。そういうものだと思って、ただ待つべし。

感情を揺さぶる楽しさを、すっかり忘れていた。

２０１７年春から新たな仕事にチャレンジします。映画監督をやらせていただきます。44歳にして初チャレンジ。30代40代の女性も見たくなる大人のラブムービー。その撮影数週間前になり、日々初体験の仕事ばかり。「監督」と言われることも初めてだし、何より監督だけにすべてのことを決めなきゃいけないんだと焦っています。どんどん時間は削られていく。それに加えてバラエティー番組の会議もやっているので、気づくと体は限界に。

先日も、ロケハンという撮影現場を決める作業に行き、終わるとかなりクタクタになって、体が叫び声をあげている。その中で、深夜23時からある方の誕生会がありました。今田耕司さん。51歳。半端なく元気です。

公私ともにお世話になっているので、何とか行きたい。だけど体が限界を超えている。意識もちょっと遠のくくらい。だけど、お世話になっているし。そこで、ちょっとだけ顔を出して帰ろうと、誕生会に行きました。いざ行ってみると、若手の芸人さんたちがカラオケを歌い、今田さんの誕生日を祝いました。かなり笑いました。爆笑です。気づけば、目の前に起きているくだらないことでこれだけ笑うのは久々でした。すると、疲れが吹っ飛んでいました。なんでしょう、これは？　と考えてみる。

疲れた時に、泣ける映画を見るとスッキリするとか言いますよね。僕もその経験あります。

高級マッサージでも受けたのかってくらい疲れが吹っ飛んでたりしますよね。これってね、最近使ってない感情を使ったり、揺さぶるとかなりのストレス発散になるんじゃないかなと思ったんです。

僕はここ一カ月ほどの間、日々の仕事に追われて、くだらないことで大爆笑するという感情を忘れていた。だからその感情を久々に使ったことで、ストレスの詰まりが動いているというか、そんな気持ちになり。気づくと深夜2時半。スッキリしている。そして何より、51歳を超えてパワフルな今田さんがいる。パワフルな人に会うと、本当にパワーを貰えます。

だから、疲れた時に休養を取ることも大事なんだけど、使ってない感情を意識的に使うってことが大事なんだなと思いました。そんなことを感じた中で……。

妻も最近は結構仕事をしています。仕事を詰めている週と、余裕のある週が交互に訪れます。

仕事を詰めている週は、僕も出来る限り時間を合わせて保育園の迎えとか行ったり、妻が早く仕事に行った時や、妻の帰りが遅い時は笑福といます。

この時、体がかなり疲れている時に、笑福に大好きな動画を見てもらっていて、自分はソファーで休んだりします。子供ってすごくて、親がクタクタに疲れている時の状況ってわかるんですよね。僕を起こさずにそっとしておいてくれます。1歳9カ月なのに、すごいなと。

動画を見たり、一人でおもちゃを使って遊んでくれている息子。これに甘えて、僕はソファーで体を休ませることが多かった。

が、今田さんの誕生会に出て、これではダメだと思いました。疲れている時に、疲れていると思う気持ちが、更に疲れを呼ぶ。こういう時は笑福といることを楽しまなきゃダメなんだと。

思い返してみると、疲れている中でも無理して笑福と一緒に公園に行ったりすると沢山の発見があります。前まで一人で登ることの出来なかった滑り台を一気に駆け上がることが出来たり。そんな光景を見ると、僕もテンションが上がります。

だから疲れた体を起こして、無理しない程度で、笑福が楽しめることをしようと外に出るようにしました。近くの公園ではなくて、ちょっと離れた公園に行くとか。

大きな公園って、子供を授かる前は分からなかったけど、子供が成長してくると本当にありがたい施設。5メートル歩くたびに色んなことで引っかかって遊んでくれるわけです。

そして覚えた言葉を使いたがる。色や動物の名前などを叫んで、全速力で走る。44歳のおじさんには1歳9カ月といえども、ずっと一緒に走ってると息が切れます。疲れます。

だけど、普段使わない感情を使います。使えます。すると、体は疲れていても、感情の揺さぶりが行われて血のめぐりが良くなるような、そんな気持ちになれます。

だから、疲れている中で子供を見る時は、短い時間でもいいから外に出て、ルーティンじゃない経験をすることが、子供と一緒に自分の感情を揺さぶり、逆に疲れずに楽しめる方法なんだなと、自分の中での発見がありました。

お母さんたちは毎日子供と一緒にいるから、また違うかもですが、お父さんたち、疲れてる時こそ子供と外に出て感情を揺さぶろう。

父の気づき

疲れている時こそ、最近使わない感情を使おう。

長く夫婦を続けるには、「抜く」ことも大事。

3月10日。姉からLINEがありました。「今日、お父さんとお母さんの49回目の結婚記念日だよ」と。

驚きました。結婚記念日が3月10日だと知ったのも初めてだったし、結婚して49年目なんだってことに。姉も今まで親の結婚記念日を祝ったことなどないと思うのですが、昨年、父が癌になり、手術が成功した後も、今もまだ病と闘っている状況なので、今まで見過ごしていたことが気になったんだと思います。そこで調べたのでしょう、結婚記念日を。そしたら49回目。

僕らは結婚14年目なので、49回目なんて想像もつきませんが。なんだか親の結婚記念日を知った途端に3月10日という日がそわそわしました。49年前のこの日に父と母が結婚してなければ、僕は生まれてないわけです。

となれば、僕は妻とも出会ってないし、息子、笑福とも会えてない。今、僕が人生を生きて、楽しいことも悲しいことも全て経験出来ているのは、父と母が3月10日に結婚してくれたからなんだと思うと、なんかそわそわするんです。

よく「親に産んでもらったことを感謝しなさい」と言いますが、親の結婚記念日を知って、その日に立ってみると、自然と今まで思えなかった「ありがとう」が体から溢れてきます。来年、50回目のおめでとうを迎えた時に、また自然と「ありがとう」が体から溢れてくるのだと思います。

と、両親の結婚記念日を知ったところで、最近、夫婦について思ったこと。それは夫婦生活において「抜くこと」が大事だなと。

例えば、先日、こんなことがありました。妻が疲れて寝ている日くらい、笑福の朝ご飯だけでも僕が作りたいと思いまして。たまに作ります。僕が朝ご飯作っていたら、途中で妻が起きてきまして「ありがとう」と言ってくれます。

妻は笑福を着替えさせて、部屋の掃除をします。妻が掃除機をかけながら僕に何かを叫んでいます。僕はキッチン。声がよく聞こえない。この状況、夫婦で生活していると、よくあるんです。

妻は自分が叫んだ声は全部聞こえているという設定なので、以前は、妻が叫んでいて、聞こえなかったら、僕が近づいていき聞きなおしていました。だけど、あまりにも聞こえている設定で叫んでいて、僕は僕で作業をしている時には、作業の手を止めて近づいていって、ついつい自分もムッとしながら「聞こえないんだけど」と言ってしまいます。そんな僕の一言が妻に火をつけます。

妻からしたら家庭の中のことを沢山やっていて、その中でひとつくらい僕に頼みたいことがあって叫んでいる。それを聞こえないと、ついムッと言ってしまう僕に腹を立ててぶつかってしまう。こういうこと夫婦だと超あるある。だけど、こういう小さなひずみが積もっていくと大きなひびが出来ると思うんです。小さなことでぶつかった時ほど、そのことで一日中気になったりしますよね？　それが夫婦なんです。

だからこそ、先日の朝、僕がキッチンで料理を作っている時に妻が僕に何かを叫んでいる時に、何を言っているかわかりませんでしたが、大きな声で言いました「は〜〜〜い」と。

ここで「はい」ということは小さな嘘が発生しています。だけど、この時に、「聞こえると思って叫んでても聞こえてないんだよな」と思うよりも、「とりあえず返事しておけ」と思う方が、ネガティブな気持ちにならない。「は〜い」と大きな声を出すと、自然とポジティブな気持ちになれる。

で、料理作り終わった後に、妻に「さっきよく聞こえてなかったんだけど、何かな？」と聞くと、妻も教えてくれる。クリーニングについてのことでした。ここで妻が「さっき聞こえるフリしたでしょ？」とはならない。「は〜い」というのは小さな嘘でもあるのですが、これが夫婦にとって「抜く」ことなのだと思いまして。

やはり違う親から生まれて育ってきた別々の大人が一緒に住んでいるわけですから。子供を授かって父親と母親になったとしても、そこは元々別々の人間なのです。それはこの先、何十年たっても発生することなんです。だって49年一緒にいる僕のお母さんだって、お父さんの性格のことでイライラしてることがある。

ってことはですよ、僕らだって、60歳になっても70歳になっても、声が聞こえた・聞こえてないとかで喧嘩になってる可能性あるんですよ。だからこそ、夫婦の生活の中で「抜く」場所を増やす。パンパンに膨らんだ袋に小さい穴を開けるような、そんな作業。大きな穴を開けると、それは袋として意味がなくなるので気をつけていかなきゃいけませんが。

僕らが結婚して49年たった時にはどんな夫婦でいられるのか？　そんなことも考えると、また楽しみだったりする。そのためには「抜いて」いこう。

父の気づき

夫婦の毎日の生活には、「抜いていく」ことが大事。

もしも伝染(うつ)ってしまったら!? ウイルスと仕事の間で悩む。

子供が保育園に通うと、いろんな病気もらってくるよ〜。といろんな人に言われました。その時、口では「怖いな〜」と言いながらも、内心「うちの子は大丈夫だろ」と思ってる方、少なくないと思います。

息子、笑福、1歳10カ月。これまで、RSウイルスにヘルパンギーナ、突発性発疹と、子供の定番病気に順調に次々かかっていきました。毎回40度超えの熱が出ます。最初は40度の熱で腰が抜けそうになりましたが、えらいもんで、ちょっと慣れてきた自分もいます。もちろん慣れた中での対処ができるようになったということですが。

3月下旬の連休。千葉県市原市の「ぞうの国」というところに行きました。その時の笑福の行動。写真を撮ると、首の根っこを押さえるんです。何回もやるので、「最近、こんなポーズ覚えたのかな」くらいに思っていました。

その翌日から、やたらよだれを垂らします。妻とは「奥歯が生えてきてかゆいのかな」とか言ってました。が、その夜くらいから体が熱い。なんかおかしいと思い熱を測ると38度超え。「風邪か?」と思ったら、夜に40度。

笑福はこれまで40度超えの熱を何度も出していますが、病院の先生も驚くくらい熱が出ても元気なんです。夜寝る時はちょっと苦しそうですが、起きるとケロっとして走り回るのです。この熱、風邪だったらいいけど、「ぞうの国」で首を触ったりと、なんかおかしい。妻が病院に連れていき、インフルエンザ、RSなど検査をしたら、ひっかかったのがアデノウイルスというものでした。聞いたことはあった病気ですが、よく知らない。自分なりにネットで調べてみると、こう出てきました。

アデノウイルスは、別名、プール熱とも言われる時があり、夏に流行することが多い。なぜなら、プールで感染することが多いため。時として大流行し、まるで夏のインフルエンザみたいです。と書いてるところもある。

本来は夏にかかる人が多いと書いてある。笑福が夏にかかったRSという病気は冬にかかる人が多かった。今度は夏にかかるものを冬になる。笑福は逆を行きたい体なのか？

アデノウイルスの症状としては、のどの痛みと頑固な発熱が特徴。インフルエンザと比べると症状は軽いのですが、脱水状態が強い場合、入院が必要なこともあります。そして、今のところ、特効薬はありません。頑固な熱というのが厄介で、38～40度くらいの熱が4～5日続くことが多いとのこと。笑福は高熱でも元気とはいえ、やはり心配です。

で、笑福がアデノウイルスにかかり、とても心配なことが。これはウイルス性のため、大人にもうつる可能性があるんです。またもやネットで見てみると「大人がかかる可能性は低い」とか「大人がかかっても大事にならない」と書いてる人もいて。心配なので、このことをブログに書くと、コメント欄に続々と、子供からアデノがうつって、高熱や嘔吐（おうと）などで苦しんだという体験が。それを見てとても怖くなってしまいました。

なぜなら僕は2017年4月から初めて映画の監督業に挑みます。自分の為に100人近いスタッフが動き、キャストも決まって、連日その準備をしていた時期。だから想像してしまうんです。「今、自分がアデノにかかったら」と。さすがに熱が40度以上ありながら数日間現場に立てる自信もなく。だけど、出演者のスケジュール上、僕は一日も休むことはできない。

そのことを考えると、とてつもなくかわいい笑福に触るのをビビってしまう自分がいるんです。口に中に手を突っ込み、その手で僕の顔をベロっとする。いつもだったら「やめろ〜〜〜」とか言って爆笑なんですが、アデノウイルスにかかっている唾液が顔に塗られてしまったかと思うと、今すぐうがい、消毒しなきゃいけないと思ってしまう。

笑福を授かりめちゃくちゃ喜び、日々の成長に沢山の幸せを貰っているはずなのに、アデノウイルスがうつるかもと思った瞬間、目の前の笑福を抱きしめることと仕事を天秤にかけてしまう自分。そんな自分にとても罪悪感を覚えてしまいます。父親というか、親として失格だなと。だけど、もしアデノがうつって現場に行ったら今度はプロとして失格。そこの狭間で悩んでいることに罪悪感を覚える。

そんな僕を見て妻が言ってくれました。「笑福のことは大丈夫！　今は映画のことを考えていればいいから」と。そうだよな。そうなんだ。もしこれでアデノがうつったら、その後悔と罪悪感は余計大きくなるわけだし。だから妻の言葉を救いに、家でもマスクと手洗い・うがいを徹底的にしながら、笑福とのスキンシップ。

妻も寝る時はマスクをしながら笑福と全力で向き合っていた。そしたら数日後、妻が風邪をひきました。

妻よ、今は申し訳ない。だけど、絶対におもしろいものを作り上げる。それが今、父親として僕にできる最高のチョイスだと信じて。よ〜い、アクション！！

父の気づき

ウイルスにビビる大人は悪くない。こんな時こそ、夫婦の助け合い。

妻と息子の陰ながらの応援に、心から感謝した日。

２０１７年4月4日から1カ月ちょっと。人生初の映画監督に挑戦しました。「ラブ×ドック」という吉田羊さん主演の恋愛ムービー。

この映画の脚本、２０１５年1月1日から1月31日まできっちり1カ月、31時間かけて最初の台本を書きあげました。一日一時間書くって簡単そうに見えて、かなり大変なんです。妻はその時笑福を妊娠中。ちょうど妊娠4～5カ月くらい。安定期に入るかどうかだったので、その年の正月は旅行にも行かなかったんです。家でゆっくりしようと。で、考えたわけです。妻が妊娠中、お正月にどこにも行かないからこそ、今までやらなかったことをやってみようと。それが一日一時間の脚本執筆でした。当初は自分で監督するつもりはなかったんですが、色んなことがあって自分が監督することになった。ということは、妻が笑福を妊娠したから、自分がその二年後に監督をやることになったんです。

妻が笑福を授かってなければ、映画の監督をやっていなかったでしょう。つまりは笑福が僕に運んでくれた仕事であり、覚悟させてくれたことだと思ってます。「父ちゃん、僕が生まれるんだから、こういう仕事もやりなよ」的な。

そして映画撮影に入ったわけですが、大きな心配がありました。それは妻と笑福と一緒にいる時間がかなり削られていくという問題です。

僕は笑福が生まれてちょっとたってから放送作家業をほぼお休みし、育休的なものを一年取ることが出来ました。0歳から1歳の間の息子といられたことで、太い絆が出来たと思ってます。なんでしょう。父と子の間に背骨が出来たという感じでしょうか。だから同じ年くらいの子供を持つ父親と子供の関係を見ていて、正直、あの時期に一年、笑福と一緒にいられて良かったと思うんです。

0歳から1歳の間に毎日一緒にいて、妻が半年先に仕事復帰してるので、笑福が僕の体で寝ることもさらに増えた。僕の体に馴染んだという感覚がある。

お母さんは毎日抱いてますから、そりゃお母さんの体に馴染むのは当たり前。だけど、父親がそれほどの時間、抱いていることは難しいけど、一年休めたことで、息子、笑福が僕の体に馴染むことが出来た。僕の体でも安心してくれるのです。これは本当に大きなことだと思ってます。

が、映画撮影が始まると、朝早いし夜遅い。つまりは笑福と一緒にいられる時間がかなり減ってしまう。この状況にとてつもない危機感を覚えました。やはり1歳半を超えてから急激にママを求めることが多くなりました。これは当たり前のことです。それでも、他の父親と比べてみると、笑福は父親である僕を求め、体の馴染みで安心してくれる。

だけど、映画で一緒にいられなくなると、ついに、僕との関係がリセットされてしまうのではないかと思ったのです。毎日ドキドキでした。

が、映画撮影が終盤に差し掛かってきたころ。江戸川区のとある橋の上で一日撮影が行われていた時に、妻が笑福と一緒に見学に来てくれたのです。

丁度一つのシーンが終わった時、橋の入り口あたりに妻と1歳11カ月の笑福がとことこ歩いているのが見える。撮影現場に妻と息子が来たら照れてしまうかなと思ったのですが、とても嬉しかった。まず昼間の妻と笑福に会えたこと。思わず「笑福——!」と叫びました。

久々に昼の笑福と対面。すると笑福は僕を見つけるなり、50m以上先のところから「とうと〜〜」と叫んで僕の所に全力で走ってきたのです。そんな笑福を僕は全力で抱きしめました。良かった。その時に確信しました。笑福の僕への気持ちはリセットされてなかったことを。主演の吉田羊さんにも「父親を見つけてあんなに走っていく子供、初めて見ました」と言われました。やはり0歳から1歳の間に築きあげた絆は大きかったと思っていました。

その数日後、ちょっと早めに終わったので家に帰ると、妻と笑福が一緒にお風呂に入っていました。妻は僕が帰ってきたことに気づいてない。風呂の扉に近づくと、妻が笑福に話しかけている声が聞こえました。その声は「笑福、とうと、毎日頑張って新しいお仕事してるんだよ。もうちょっとで終わるから応援してあげようね」と言っていたそうです。妻は僕が映画に入ってから、おそらくこのように、毎日、笑福に対して、僕がなぜあまり家にいられないのか？　何をしているのか？　説明してくれていたのです。だから、笑福もそれを理解してくれていた。僕との絆が細くならないように、妻がちゃんと話してくれていたんです。

それを聞いた時、本当に妻に感謝しましたし、それを理解してくれている笑福にも感謝しました。そして、作っている映画をいいものに仕上げて、ヒットさせることが、恩返しだなと強く感じたのです。

妻よ、笑福よ、映画は絶対いいものにします！　期待しててくれ！　ありがとう！

父の気づき

父親のことを理解してくれる子供。その陰に、妻の力あり。

妻に対する「愛してる」という言葉は、特別なもの。

2017年6月22日。市川海老蔵さんの妻、小林麻央さんが34歳で旅立たれました。麻央さんの最後の言葉が「愛してる」だったと海老蔵さんは会見で明かしました。

あらためて「愛してる」という言葉について考えてみる。

僕が初めて「愛してる」という言葉をちゃんと言えたのは、妻でした。30歳を越えてから。それまで人に「好きだよ」とかは言ったことはあるけど「愛してる」はなかった。それまで付き合ってきた人に対して、嘘も適当なことも随分言ってしまったけど、「愛してる」と言えたことはなかったし、適当にその言葉を言おうなんて思えたことがなかった。

正直、日常の生活の中で発言する言葉を意識して言っている人は少ないだろう。何気なく言葉って口から出ている気がする。だから、無意識に言った言葉で失言したり、人を傷つけてしまったりする。

だけど「愛してる」という言葉は無意識では言えない。その言葉を口から発することに責任があると思ってしまう。簡単に言えば「重い」。うかつに言うと大変なことになる。嘘の気持ちでは言ってはいけないと思うのだ。だから、「愛してる」と口にしたことがある人は意外と少なかったりする。もしこの世に「愛してる」と適当に言える奴がいたら是非会ってみたいし、どんな精神構造なのか聞いてみたい。多分、1分でそいつのことを大嫌いになれる自信がある。

僕は妻と交際0日で結婚している。結婚してから「好き」とかいろんな思いが後づけでついてきて、そして大好きになった。だが、その大好きは今までの「大好き」とは違って、そこに尊敬が混じったり、抱きしめたかったり、色んな思いが混じっている。

結婚して何年かたって、ある時、この妻に対する気持ちってなんなんだろうってモヤモヤして、この思いを表現するにはなんて言葉がいいんだろうって考えてたら、気づいた。「これが愛してる……か」と。30年以上生きて、「愛してる」という気持ちが分かった。

そこから妻に「愛してる」という言葉を言うようになった。適当に言ってるわけではない。妻が海外に長期ロケに行くときは出発寸前、空港から必ず電話してくれるのだが、そのときに自然と言ってしまう。だって危険なロケで何があるかわからないから。だから後悔したくないと思って言ってしまう。

日常の中でも時折言いたくなる瞬間がある。夜中に起きて片づけとかしてくれてる妻の背中を見てると、抱きしめて「愛してるよ」と言ってしまう。愛しさが体からこみ上げてきて、言いたくなってしまうのだ。

が、妻が僕に「愛してるよ」と言ってくれることはない。笑福を授かる前にベッドの上で、急に「愛してるよ」と言いたくなることが何度かあった。僕が妻に「愛してるよ」と言うと「うん」と返す。コール&レスポンスが悪い。ライブ会場の客だったら最悪だ。そこで思わず妻に「愛してる?」と聞く。当然「愛してるよ」という返事を期待してるわけだが、言ってくれない。「うん」で終わってしまう。今まで寝る前の愛してるを何回かおねだりしてるけど、言ってくれたのは一回か二回だったと思う。しかもかなり小さな声での「愛してる」。

つまり妻が僕の顔を見て「愛してる」と言ったことはないのだ。そのときに気づく。人によって「愛してる」の色は違うのだろう。

妻にとっての「愛してる」は、おそらく僕の「愛してる」と含む色が違うのだろう。100人いたらその「愛してる」は100種類ある気がする。カレーでも色んなスパイスが入ってるカレーがあるように、「愛してる」にも色んなスパイスを含む人それぞれの「愛してる」があるのだろう。だから妻の「愛してる」は、僕の「愛してる」と違うから、妻も今は僕に言えないのではないかと思う。

妻の「愛してる」は僕が言えた「愛してる」よりも、同じ「愛してる」なんだけど成分がちょっと違う、現時点では僕に言えない「愛してる」なのだ。

いつ、僕に向かって「愛してる」と言ってくれる日があるのかが楽しみだし、その時に、妻の「愛してる」の色や成分がわかるのかもしれない。

そして。子供に対しての「愛してる」という気持ち。息子・笑福を授かり2年がたち、当然、笑福のことも「愛してる」。だが、やはり、妻に対しての「愛してる」とは、色が違う。

「愛しい」という方が近いのだが、なんだか、息子に対しての「愛してる」がどんな愛してるなのかまだ自分でも手探り状態だったりして、「愛してる」という言葉では表現出来ないことなのかもしれないが、また、この気持ちが笑福の成長とともにどう変化していくかも、自分自身、楽しみだったりする。

父の気づき

愛してる、に含まれる思いは、100人いたら100人違う。

ママにはなれないパパ

Dad can't be Mam.

Chapter

3

2歳〜3歳

母親を守ろうとする、息子の必死さにショック……。

夫婦喧嘩の理由。夫の浮気とかじゃない限り、世間で起きている夫婦喧嘩の理由は些細なものが多い。理由は単なるきっかけにすぎず、喧嘩するときは様々な理由が混ざって、喧嘩に至る。それが夫婦喧嘩というものだ。

先日、久々に妻と喧嘩した。その数日前まで妻は『イッテQ！』で5日間ロケに行きっぱなしだった。相当疲れたようで、戻ってからも、疲れがたまりまくったまま笑福の育児をしていて、かなり辛そうだった。

妻がいない間は、妻のお母さんが来てくれて笑福の面倒を見てくれた。とはいえ、僕が笑福に対して気にしなきゃならないことは増える。まあ父親だからそんなことは当たり前なのだが。ただ、映画撮影が終わってすぐに舞台の台本書きと稽古。そして春から始まった新番組が視聴率と激しく格闘中だったりするので、僕もかなり疲れがたまっていた。

僕も妻も、精神的にも肉体的にも疲れがたまりまくっている中で、それは起きた。

朝、起きたら妻がかなり疲れてたので、朝ご飯は僕が作ることにした。僕と妻と笑福の分。僕がうちで朝ご飯を作ることは、週の中で何回かある。やれるときはやろうと思っている。前日に炊いたご飯が炊飯器にあったので、チャーハンを作ることにした。冷蔵庫を開くと豚肉がある。ちなみに、我が家はお肉を買ってきたらまず冷凍庫に入れる。使う前日から解凍するようにしている。冷蔵庫の真ん中に置かれていた豚肉を取ってみた。ちょっとだけ豚肉の色が疲れている気がしたが、気にせず使った。

笑福はチャーハンにお肉を入れると、食べるときと食べないときがあった。豚肉を入れて炒めたチャーハンはかなりいい味に仕上がった。僕と妻の分に豚肉をたっぷり入れた。笑福のチャーハンの豚肉は少量。

僕が料理を作りだすと、妻はお風呂に入った。前日の夜は、疲れすぎてお風呂に入ることも出来なかったからだ。

料理が出来て、僕は作ったチャーハンを笑福に食べさせる。自分も食べる。笑福はお気に入りだったようで、バクバク食べてくれた。9割ほど食べ終えたところで、妻がお風呂から出てきた。そこで僕はさらっと言った。「冷蔵庫の豚肉、半分使いましたー」と。

すると妻が「えっ」と言って動きが止まった。そして「あれ消費期限過ぎてるよ。25日。今日、29日だよ」と。僕が「え？　あれ、解凍したやつじゃないの？」と言うと、妻はかなりイラっとしながら「違うよ。お母さんが買ってきたやつじゃん。なんで消費期限見ないの?」と言った。

僕もイラっとしてしまい「いや、解凍したやつだと思ったジャン」と言うと妻は「消費期限見てよ」とさらにきつく言う。「いやいや、いつも消費期限見ないジャン。冷凍するんだもん」と僕も激しく言い返す。「お母さん、買ってきて置いてあったのに、なんで気づかないかな?」とさらに激しく言われたので「っていうか、消費期限過ぎてるんだったら、なんで捨てないの?」と僕も強く返す。すると妻が「ゴミ箱臭くなるジャン」と言った。納得いかずに、僕が「いやいやいや、袋に入れて捨てればいいジャン」と言うと「普段、ゴミもあんまり捨てないくせに」と別の方向に話がそれ出す。

いつもだったら僕が途中で折れるのだが、今回はひけないと思ってしまった。すると妻が僕から目線を外して、「もうこれから料理作らなくていいよ」と言ったので、僕も売り言葉に買い言葉。「もう作らないよ!」と言い放ち、立ち上がってシャワーを浴びに行った。

僕と妻が言い合いをしているときに、笑福は僕らの間にいた。トーマスのおもちゃを持って、笑っている。僕と妻の言い合いが激しくなればなるほど、笑っている。笑福なりにわざとやっているのか。

僕はシャワーを浴び、着替えて仕事の用意をして、リビングに行った。笑福は妻の体にぴったり付いている。妻の顔に泣いた跡があったのが分かった。妻は僕を見て見ぬフリをしたので、笑福にだけ話しかけることにした。「笑福、行ってくるね」と。すると、笑福は僕を無視。いつも出かけるときはギュっと抱き合ってから行く。なので僕を無視した笑福に「笑福、ギュっとしよう」と妻のそばにいる笑福の腕をつかもうとすると、2歳の息子にかなり強く振り払われた。

僕がセクハラしたかのように。「触らないでよ」的勢い。すると笑福は僕を見て、2歳の子供がこんな目をするのかよというくらい冷たい目を放った。

自分が大好きなお母さんに激しい言葉を浴びせて泣かせた。許せない！となったのだろう。だったら俺が守ってやる‼と。僕を無視、腕を振り払ったのだ。

正直、めちゃくちゃショックだった。一年育休を取り、笑福との友情の絆は結構太いと思ってたので……。僕は笑福が生まれてから感じたことのない喪失感を抱いたまま仕事に出た。

父の気づき

精神的肉体的コンディションが悪い時、夫婦喧嘩は起こるべくして起きる。

小さな口喧嘩に対する、恐るべき子供の反応。

僕と妻が消費期限切れの豚肉を使ったことに関して、息子、笑福の前で喧嘩し、それを見ていた笑福が、仕事に出かける僕を無視。笑福を触ろうとする僕の手を強く振り払う。

自分の母親に厳しい言葉を浴びせて、悲しい顔をさせた僕に対して、2歳になったばかりの息子は母を守るかのように、僕に反抗的な態度を取る。

とても驚いた。2歳になったばかりで、言葉をかなり覚え始めているとはいえ、会話は出来ない。そんな笑福が、明らかに僕に「怒り」という感情を抱いている。

それまで僕に対して、冷たいことは何度もある。だけどそれは、自分の気持ちにそぐわないことがあったりした時に泣いたり怒ったり、駄々をこねたりした。つまりは「自分」が軸である。だけど、今度は自分の母親が軸なのである。2歳の子供が、母を守るために、父親に怒り、無視するという行動をするのだということにとても驚いた。そして驚いたと同時に、かなり凹んだ。

誰も見送ってくれずに玄関を出る時、わかりやすく下を向き、僕は落ち込んでいた。

よゐこの有野さんと対談した時に、有野さんのお母さんとお父さんはあまり仲が良くなかったからなのか、気づくと、お母さんはお父さんの文句ばかり言っていたらしい。当然、父親より母親といる時間の方が長いので、「お父さんはダメなやつなんだ」ということが常識として育てられていく。有野さんと話したのは「母親が本気になったら、子供に、父親を嫌いにさせるのなんて簡単ですよね」ということ。有野さんも納得していた。

僕が妻に感謝しているのは、僕がいない時も、笑福に僕の話を沢山してくれている。僕が毎日何をしてるのか？　なぜ今、あまり家にいられないのかなどを話してくれている。だから、この春から忙しくて家にいられなくて、笑福にあまり会えなくても、笑福と僕の距離感はあまり変わらなかったりした。もし妻が、僕の文句を毎日笑福に言っていたら、笑福は僕に対して心を閉ざしていることだろう。

だけど、あらためてこの日思った。僕があまり家に帰れなくても笑顔を見せてくれたのは、自分の母親が、そう言っていたからであって、その母親を傷つけ、落ち込んだ姿を見た瞬間に、笑顔のキャッシュバックキャンペーンが始まるのだ。

僕は妻と喧嘩したまま家を出てきたこと、笑福に無視されたこと、Wショックのまま仕事をした。すると夕方、妻からＬＩＮＥが。妻が朝のことを謝る内容だった。その瞬間、僕も即座に謝りのＬＩＮＥ。申し訳なかったと。「今後、食べ物の消費期限はちゃんと見て使うね」と当たり前だけど、喧嘩した手前、言えなかった言葉を並べて妻に返す。

これで夫婦喧嘩は終了。いつも僕から謝ることが多いのだが、今回は妻から歩み寄ってくれて、それにとても感謝した。

家に帰ると、寝ている笑福。妻も笑福の朝の態度には驚いたようだった。父親を無視して手を振り払った姿。妻は「かわいかったね」と言う。

確かに、客観的に見ればかわいいのかもしれないが、手を振り払われた側からしたら、かわいいとか言ってられない。ショックなのだ。

翌朝。僕が朝ご飯を作り、プレートにのせる。それを笑福の前に出して、食べさせようとすると、笑福はプレートごと、僕の前から動かし、妻の前に移動させた。僕がそのプレートを触ろうとすると、笑福が僕の手を払う。つまりは「お前は俺の飯に触るんじゃねえ。ママが俺に食べさせるんだよ」という顔をしている。

僕は驚いた。一晩たってもまだ怒っているのだ。僕を許してない。試しに、僕が妻に近づく。そして妻を後ろから抱きしめてみると、笑福は手を伸ばして僕に「離れろ」というポーズを取る。やはり許してない。僕と妻がまだ喧嘩していると思っていたのだ。

そこで妻が、僕と笑福を一緒に抱きしめて「笑福！　もうお父ちゃんと仲直りしたんだよ」と言い聞かせて円になりギュっとする。

すると、笑福は僕に笑顔を見せた。「あ、そうなの」という感じで。そして僕が笑福にご飯を食べさせることを許してくれた。

朝起きた時、笑福は僕と妻が笑顔で話しているのを見たはずだ。だけど、それでは笑福の怒りのロックは解除されなかった。ちゃんと妻が笑福に言い聞かせるまで、ロックは解除されなかったのだ。

改めて母親に対して、「絶対」である子供の姿を見て、感動と驚き、そして小さな恐怖も感じたりして。今後も家で何かもめごとがあった時に、1対2になるのは確実だ。まだ会話をすることも出来ない2歳の時にこうなんだから、年を重ねたら、笑福は更に妻のことを守るだろう。

全国のお父さんたち。もし奥様と揉めたら、子供の前で早めに平和的解決をおススメする。

父の気づき

子供は母親のために、父親に本気で怒る。
たとえ2歳でも!

それぞれのスピードで、大きくなればいい。

息子・笑福は2歳と2カ月。覚える言葉の数もかなり増えてきて。先月初めて有名人の名前を覚えました。それは「ヒカキン」。YouTuberのヒカキンです。

笑福はYouTubeを見まくっています。保育園で節分の豆まきをやってから「鬼」という存在が大好きになってしまいました。そこから、「青鬼」というゲームがあり、そのYouTubeを見るようになり、ヒカキンに行きつき、もう大ファン。

まさか自分の息子がヒカキンの名前を最初に覚えるとは予想もしてませんが、ヒカキンが「バーイ」とやる仕草も真似するようになりました。

そんな話を知人にしたら「笑福君、早いですね」と言われました。タレントの名前を覚えたり真似したり、そういうのが早いということなんでしょうが、やはり、同じ年とかの子供の成長は僕もついつい気になってしまう。

うちの息子より2カ月早く生まれた男の子の友達がいます。

その子は1歳半を超えたあたりからかなりしゃべり始めて、2歳を超えた時には、もう親子でかなりの会話が出来るようになっていました。それを見ていたので、うちの笑福が1歳半を超えて、言葉は覚え始めたけど、その友達のスピードと比べたら、だいぶ遅く感じたので、奥さんに「笑福のスピードは大丈夫かな?」と確認してしまったりしました。

生まれてから、ズリ這(は)いして、ハイハイして、立ち上がって、歩いて、言葉を覚え始めて。その成長の一つ一つで子供は大人に喜びを与えてくれます。だけど、それと同時に、ついつい他の子と比べてしまいます。「うちの子は遅くないか?」とか。早ければ喜ぶし、遅いとちょっと焦ったりする。

大人になった今、仕事をこなすスピードなんて本当に人それぞれ。ワープロで書類にまとめるのも、早い人もいれば遅い人もいる。仕事を覚えるのも早い人もいれば遅い人もいる。もちろん早い人の方が重宝されるし、仕事ができると言われるのだろうけど。

子供の場合は、みんながその後、普通に出来るようになっていくことのスピードを比べてしまう。相手が友達の子でも、自分の息子の成長がちょっと早いと、安心してしまう自分がいた。

先日、ある障害者の人と話していた時に、こんなことを聞きました。

その人の親は、自分が小さい時に、他の障害のある子供と自分とで、障害の重さを比べていたそうなんです。「あの子の方が障害が重い」とか、比べてしまう。それがとても嫌だったと。

それを聞き、現実を突きつけられた気持ちになったし、もし自分が親になったら、そういう気持ちを持ってしまうかもしれないとも思った。

比べて、安心してしまうのが人なのか？

そんな中。うちの姉からLINEが入った。姉には二人の子供がいて、上の子は成人して、専門学校に行っている。下の子は妊娠7カ月で生まれて、そこからずっと重い障害がある。僕がここで「重い障害」を勝手に書くことも、本当は良くないのかもしれないが、15歳を超えた今でも、話すことは出来ず。去年は、曲がっている背骨を治すための大手術をして、歩けるようにはなったが、まだ背中はかなり曲がっている。

彼は親とお兄ちゃんの愛情をたっぷり受けて育ってきた。

で、そのLINEの内容は。嬉しいことの報告だった。それは、下の子のことだった。

「一人でトイレに行ってうんちをすることが出来た」と。その姿を見て嬉しくて嬉しくて泣いてしまったと。その嬉しさを伝えたくて僕にLINEしてきたのだ。

15歳を超えて、ようやくトイレで一人で用を足せる。

僕ら大人にとっては当たり前のことだ。だけど。姉の子供は最近出来るようになった。

姉は子供に、いつか一人でトイレで用を足せるようになってほしいと願い、多分かなりの長い期間トレーニングと教育をして、ようやく出来るようになったのだ。その姿で泣いてしまったと。そのLINEを見て、ハッと思う。

成長のスピードは人それぞれ。色んなスピードがある。それでいい。

姉は自分の子供に障害がある中で、とても明るく前向きに育てている。その中で、出来るようになったことを、ゆっくりとゆっくりと時間をかけて噛みしめて喜んでいる。

人それぞれに合ったサイズの服があるように、その子それぞれにあったスピードがあって、それは決して無理させちゃいけないことで。

だから、自分のところに来てくれた子供のスピードを無理することなく確認しながら、見守ってあげることが大事なんだなと。気づかせてくれた。

お姉ちゃん。ありがとう。

父の気づき

成長のスピードはみんな違う。親にできるのは、それを見守ること。

子供連れだとよくわかる。母が強くなる理由。

育児をしていると、自分の開けてなかった扉を開けることが出来るんだなと思う時がある。

夏休みも終わりに近づいたある日曜日、妻が仕事で朝から夜中までいない時があった。僕は折角なら息子・笑福との夏の思い出を作りたいと思い、二人で出かけることに。笑福、2歳2カ月。笑福を連れて向かった先は、池袋のサンシャイン水族館。夏に改装して、泳ぐペンギンを頭上に見ることが出来る天空のペンギンが人気。なにより笑福は魚を見るのが大好きだからだ。

まず行って驚いたのは、エレベーターが40分待ち。そして上についたらチケットを買うのに30分以上待つ。1時間近く並ぶわけだが、ありがたいことに、笑福は行列に並んでいても駄々をこねたりしない。

その間、笑福を飽きないようにしようと、持ち上げたり、ゲームしたりと時間をつぶす。結果、密着度も高く、こういう時間が結構大事だなと思った。

恋人とディズニーランドに行き、アトラクションの待ち時間を楽しく過ごせるカップルこそ長続きするなんて言う人もいますが、まさしくそれと同じだなと。

で、並んだ甲斐あって、水族館に入ると笑福はハイテンション。ただ今、現在、笑福が一番好きな魚はクマノミです。クマノミを「ニモ」と言います。どの水槽を見ても「ニモは？」と言うのです。サメの水槽を見ても「ニモは？」。カニの水槽を見ても「ニモは？」。色んな海水魚が泳ぐ巨大な水槽を見ても「ニモは？」と言うので、なんか水槽の魚にだんだん申し訳なくなってくる。

そして水槽のお魚を見た後には、自慢の天空のペンギン。頭上のプールを泳ぐペンギンは確かにすごい。楽しい。しかも、屋外にあるため、ペンギンが泳ぐプール的な上には空が広がっている。

いや、見ていて気持ちいい。笑福もかなりテンションが上がる。来て良かった。

ただ、天空のペンギンの近くに数秒おきに水が噴き出る噴水のようなものがあるのですが、笑福が一番テンションが上がったのがこの噴水でした。こればかりは仕方ないですよね。こちらが感動してほしいものと子供の思いって違いますもんね。

子供のころ、毎年、地元の商店街の親と子供たちで夏の旅行に行っていた。僕ら子供にとっては毎年泊まるホテルや旅館にゲーセンがあるかどうかが大事。だけど親にとっては、そこがいい温泉かどうかが大事で、大人がテンションが上がることと子供は違うよなと、そんなことを思い出しました。

水族館を出て、そのあと、同じ池袋サンシャインに「ナンジャタウン」というテーマパークがあり、そこに「餃子スタジアム」という人気の餃子屋の餃子が一堂に集まっているフードテーマパークがあるのです。10年以上前、僕と妻はテンションが上がりすぎて、二人で100個近くの餃子をたいらげて、帰りにとんでもなく餃子臭くなるという素敵なデートをしたことがあったのです。

その思い出の地に笑福と行きたいと思ったのです。笑福も餃子が大好きです。

入ると、前に来た時と景色は変わらず。大人気。比較的空いてそうな店。どこも5〜10分ほどで出来上がる。だからその間に別のお店でも餃子を買うのです。笑福が迷子にならないように右手を握っていたのですが、水族館の疲れが出て抱っこを求めてきました。左手で抱っこして餃子を注文。

ここで困ったことが。フードコート的な席があるのですが、どこも埋まっている。どこか空きがないか探しまくると、父親と子供一人が座ってる席の横に空きがある。そこに僕が笑福を抱えながら座ると、父親が「？」という顔をしましたが、何も言ってきません。

そこから数分すると、その奥さんが餃子を持って来たのです。そうです。僕がゲットしたのは、その奥さんの席。だけどね、だったらそのお父さんが言ってくればいいじゃないですか。

いつもだったら、「あ、ごめんなさい」とどくところですが、僕も笑福と餃子を食べる席をゲットしたいし、どくわけにはいかない。自分の、いや笑福のためにも。と、今まで自分の中にはないガメつさが出てきました。母親は相当睨んでいましたが、いや、何も言わなかったお父さんを睨んでくれと。

そして、僕らの餃子が出来上がる時間。笑福を一人座らせておくわけにもいかなかったので、自分の帽子をその席に置いてキープして餃子を取りに行きました。無事、席を奪還されることなく、そこに座ったのですが、ようやく出来上がった餃子を笑福に食べさせようとしたとき、笑福は寝始めてしまいました。

そこで思う。テーマパークとかに子供と二人で来ているお母さん。本当に尊敬します。見方が変わりました。子供といると、今までにない自分が出てくる。変化する。だから母親はどんどん強くなるんだな。

父の気づき

子供のためなら、なんでもする。
その気合いが母親をどんどん強くしていく。

なんでこんなこともできないかな……。夫と妻の間の深い溝。

ある日の朝。起きると妻が息子のご飯を作っていました。肉と野菜を炒めている。すごくいい匂い。妻が「むぅも食べる?」とご機嫌に言うので「いただきまーす」と返す。幸せな家庭の一幕。

そして妻がご飯をよそおうとジャーを開けると「え――――!?」の声。そして「ご飯がなーい」と言ったのです。

前日、炊飯ジャーに残っていたご飯を僕は食べきっていました。だから「あ、昨日食べちゃったよ」と言いました。

数秒前の幸せな空気が一転、どんよりした空気に包まれました。

妻は言いました。「食べたなら、ジャーを流しに出しておいてよ」と悲しそうに言いました。そこに2歳の息子、笑福が起きてくる。妻は何度もため息を吐いて、「なんでなのかなぁ」と言います。「食べ終わったなら、ジャーを流しに置いといてくれたっていいじゃん」と。

妻は「お米を炊いておいてくれ」とは言ってません。もっとレベルが下の話です。

僕はなぜ、食べ終わったあとに流しに持って行かなかったのか? それは油断であり、妻が気付くだろうと思っていたのです。

妻のため息が増えていき、最初は嘆きだったのが怒りに変わり「なんで、このくらいやってくんないのかな?」と言うと、笑福が妻の膝を抱きしめて「だめ――」と言います。「怒っちゃだめ」ということです。すると妻が「ごめん。笑福」と言います。

笑福は僕を守ってくれたわけじゃなく、妻が怒る姿を見たくなかったのです。

結局、笑福はおかずだけ食べました。最近はイヤイヤ期でもあるので、作ったご飯を食べないときもあるのですが、えらいもんで空気を読んでか、おかずだけをご機嫌に食べてくれました。2歳の子供にここまで気を遣わせてもうしわけないなと思いました。

自分は一年放送作家業を休んでいた時には、毎日ご飯も炊いていたし、料理も作っていた。だけど仕事に復帰し一年以上がたち、妻からしたら「なんでこんなこともやってくれないのかな」ってことも出来ないダメ夫になっていたのです。

そこでブログで書きました。全国の奥さんに「旦那さんに、なんでこんなこともやってくれないの?」ってことありますか? と聞いてみたら、まああるわあるわ。

食べた食器を下げて洗ってとは言わない! 流しに持って行くくらい出来ないのかなぁ。飲みかけのビールの缶を流しに放置するな! 飲みかけを流しに流せないかなぁ。ゴミ箱に入れること出来ないのかなぁ。夜中にカップラーメンを食べた後の箸(はし)を水につけておくことくらい出来ないのかなぁ。ご飯食べておいしいの一言くらい言えないのかなぁ。洗濯をしてくれとは言わない！　脱いだ靴下を裏返しのまま洗濯機に入れないでもらえないかなぁ。脱いだ靴下をなんで洗濯機の横に置くかなぁ。洗濯機に入れられないのかなぁ。脱いだズボンをイスに掛けっぱなしにしないでもらえないかなぁ。洗濯機に入れるズボンのポケットの中の確認くらいしろよぉ。トイレットペーパーのちょび残しはやめてくれないかなぁ。使い切って替えてくれないかなぁ。風呂上がりは換気扇回せないのかなぁ。

と、まだまだこんなもんじゃありません。これね、読んでみて思ったんです。奥様たちが求めてることは、すごくレベルの低いことなんです。料理を作れとか食器を洗えとか掃除しろとか洗濯しろとか、そういうことじゃないんです。もっと手前の話。

自分がついついやってないことも沢山あり。胸が痛くなりました。

それを読んで思いました。自分も含めて全国の旦那さん、どんだけ奥さんに甘えてるんだと。そりゃ怒るわと。

僕もね仕事場に行けばまあまあ仕事出来る方ですよ。全国の旦那さんもそうでしょ。だけどね、家庭に帰ってくるとなぜこんなダメ男になってしまうのか。

やはり甘えてるんです。

これを読み、自分の中で決めました。奥さんの中の小さなイライラをなくす努力をしたいと。「こんなことくらい出来ないのかなぁ」と思わせないようにしたいと。

そう決めた数日後。妻が先に仕事に行きました。ベランダに干してあった洗濯物を取り込んでほしいと言われていました。僕は仕事に行く前に洗濯物を取り込み、無事、任務を実行。

仕事に出ると雨が降ってきました。家に帰ると妻が怒ってます。「ねえ、なんで洗濯物取り込んでくれなかった?」と。僕はすかさず「取り込んだよ」と言うと、「まだ、あったでしょ」と。

そうです。僕が取り込んだ洗濯物のちょっと横にもう1セット、洗濯物があったんです。ちょっと横を見れば洗濯物があったのに、そんなことにも気付かなかったんです。

そして妻が言います「なんでこんなことくらい出来ないのかなぁ」と。

僕も心の中で呟きました「なんで、俺こんなことも出来ないのかなぁ」。

父の気づき

なぜか男は家庭に帰ると、何かのスイッチがぷちんと切れる。

子供のために、二人とも健康でいなきゃ。

2017年秋。人間ドックの検査で、肺の精密検査をすることになりました。肺にスリガラス陰影なるものがあり、ネットで調べると癌とかいろいろ怖い病気の名前が。いざ、検査に行ってみると、担当医が厳しいことを言います。この一年で肺が白くなっていると。

僕は20歳から32歳まで一日100本以上はタバコを吸っていました。32歳でやめて、今は週に二度ほどお酒を飲んだときに葉巻をたしなむ程度。

葉巻は大丈夫だと思っていたら、医者からかなり厳しく注意を受けまして。とにかく生活習慣をかなり変えないと、50歳過ぎて、本当に肺が機能しなくなってくると。

かなり厳しいなと思いましたが、そこまで厳しく言わないと、生活を変えない人も多いのでしょう。人間ってそんなものですよね。人って、何かに強烈にビビらないと何も変えない、変わらないですもんね。

で、家に帰ると、さらに厳しい方がいました。妻です。検査の結果を話すと、先生よりも厳しく注意。

日々、夜中まで仕事した後に酒を飲みに行って帰ってくる。朝は起きるのが遅く、笑福の面倒もあまりみれない。最近の生活態度に怒り紛糾。

「結果、肺が真っ白とかふざけんなー」と。そして「笑福が成人する姿を見たくないのかー!?」と。プラレールで遊ぶ笑福の横で怒る妻。

人間、誰しも油断します。これだけ色んな人が病気の怖さを叫んでいても勝手に「自分は大丈夫」と思いこんでいる。癌だったり、重い病気になってから後悔するのはわかっているのに、油断する。

医者の注意と妻の怒りを受けて、ちょっとだけだが、自分の生活を変えようと決意。まずシガーをやめてお酒の回数も減らす。小さすぎることだけど、こういう小さなことから始めることって意外と大変ですよね。

笑福の20歳のときの顔を見るために、父さん、少しだけ自分を見直します！　と心に決めた２０１７年、秋。

で、夜、仕事が終わり、飲みに行きたい気持ちを抑えて家に帰ってくると。妻の様子がおかしい。

「痛い、痛い」と背中をおさえている。数カ月前にもこんなことがあった。そのときは最終的に、トイレで吐いたら楽になり、「食あたりだろう」ということで解決していた。

妻は額に脂汗を流して、ソファーにうつ伏せに倒れているような状態だった。言葉も発せない状態の中で「背中、押してほしい」と言われて、背中とお尻の間をギューギューっ押す。すると「ちょっと楽になった」と言うが、数分後、また激しい痛みで妻は動けなくなる。

僕は背中を押しながらネットで症状を調べると、そこに出てきたのが「結石」の文字。妻にそのことを話すと、妻の父が胆石をやったことがあった。妻も胆石があると言われたらしい。さらにネットで調べると「尿管結石」の文字。尿管結石の痛みを和らげるというツボを押して、そして「水を飲む」と「立って体を動かす」と書いてあったので妻に試してもらったら、見事に直った。

この日も途中、吐き気があり、トイレで戻した。吐き気も尿管結石の症状として書いてあった。まさか結石と吐き気がつながるなんて思ってなかったから驚いたのですが。その痛みが治まったあと、妻は「近々、病院に行く」と言っていたのですが、なんと翌日、笑福を歯医者に連れて行く途中に同じ痛みが襲ってきて、病院に駆け込み、痛み止めと点滴。そして、病院で検査をしてもらったら、やはり尿管結石。しかも胆石も大きくなっているという。

尿管結石は「だいぶ下に落ちてきてるよ」とのことで、「あと一回の痛みがあれば出てくるかも」と言われたらしく。僕は「あと一回ならいいじゃん」と思ったが、痛みの王様と言われる尿管結石の痛みを「あと一回か〜」とおそれる妻。

いろんなストレスと向き合いながらも育児をしてきた妻の体にはいろんな石が出来ていた。妻は日頃から健康なので、病気になるイメージはあまりなかったが、今回を経て「もし妻が大きな病気にかかってしまったら」と想像する。想像するが考えたくない。もしものことがあって妻がいなくなってしまったら、一体どうなってしまうのか？

そうならないためにも、この際だから妻にはちゃんと検査をしてほかの病気も含めて調べてもらい、健康な体になってほしいと強く願う。

妻もおそらく食事制限しなければならないだろう。妻に健康になってほしいと願うには、まず自分もそれを言える体を手に入れないといけない。

父親になるために大切なこと。健康でいることって、父親であるための、大切なことなのだと、あらためて気づけました。

父の気づき

本当に病気になって、初めて思い知る。親は健康でいることが、本当に大事だと。

子供のまさかの行動に、ワクワク感急上昇。

子供は成長過程で色々なことを覚えていく。よゐこの有野さんが言っていたが「子供って、自分で死ぬことばっかりやるやん」と。まさにその通り。小さい頃は高いソファーから飛び降りてみたり、壁にぶつかってみたり、大人がやったら自殺行為と思われる行為をやって、痛いこと、やってはいけないことを覚えていく。

最初は食べられるものと食べられないものもわからないから何でも口に入れて確かめていたが、2歳3カ月を超えた笑福は、確かめなくとも、自分の中でおいしいものかどうかが分かってきた。

毎日ものすごいスピードでいろんなことを覚えていく中で、大抵何をされても驚くことはない。なぜなら子供だから仕方ないし、まさかのことをするのが子供だから。

僕が子供の時、正月に親戚のみんなと集まった時があった。そこで親戚のお兄さんが、食事で出たお肉を鼻の穴に詰めてしまい、それが取れなくなり、大騒ぎになったことがあった。

なぜ鼻の穴に詰めたのかと聞かれたら興味本位だろう。小学生になったとは言っても、急に「これ鼻に詰めたらどうなるのかな?」と好奇心が勝って、やってしまったのだろう。小学生とはいえ子供だから仕方ない。子供はまさかの行動をする。

で、笑福の話をする前に、妻の仕事の話をしたい。妻は半年に一回行われるＴＢＳの『オールスター感謝祭』に出場する。そこで、ヌルヌルのオイルを全身にかぶり、ライバル鈴木奈々に負けるかと、全力で走っては落ち、泣いて叫んで、また転んで、ヌルヌルだらけになっている。僕が好きな妻の仕事のひとつだ。

気づくと、笑福も妻のテレビ番組を見るようになった。妻の職業がだいぶ分かってきたようだ。ヌルヌルオイルをかぶって戦う姿をジーッと見つめ、それが自分の母親の仕事だと認識しているようだ。

妻の姿は笑福にはどう映っているのか？　もしかして、もうちょっと年を重ねた時に、そういう母親の姿を恥ずかしいと思う時も来るかもしれない。

で、その「感謝祭」が放送された数日後。妻がキッチンで料理を作っていたらしい。僕は仕事で外に。妻はネットでゆで卵を早く作る技を見つけて、実際にやっていた。でも、妻が試したそのゆで卵、何個か作ったが、半熟にもなってない。ほぼ生卵状態。何が悪かったのかわからないが、妻は殻を割って、まだ液体状態の卵を器に入れて置いておいたらしい。そして、もう一度チャレンジしようと作業をしていたら。

置いてあった器がない。卵の入っていた器がない。どこに行ったんだと、リビングの方を見ると、卵の入った器を笑福が持っている。しかも持っているだけではない。なんと、その液体の卵を手で掬って、自分の頭に塗っていたのだ。ベッタリと。一回だけではない。何回も何回も。

驚く妻は一枚だけ衝撃の行動を映像におさめる。そして止める。「笑福、卵頭に塗ってなにやってるのー！」

なんでこんな行動をしたのか？　笑福の頭は卵でヌルヌル。ヌルヌル？　そう。笑福はおそらく妻のヌルヌル姿を見て、自分もやってみよう！　と近くのヌルヌルの液体こと卵を頭に塗っていたのだ。塗りながら一人で笑っていた笑福。

そうです。テレビの画面の奥でヌルヌルオイルを塗る母親の姿は、笑福にとっては憧れの姿に映っていたのだ（と思う）。だから母親のように頭をヌルヌルにしたのだ（と思う）。

僕は妻からその話を聞き、なんだかすごく嬉しく思った。子供の行動は親の想像をまだまだ超えてくる。

そんなことがあった数日後。とんでもないお酒好きの酒乱の男性と飲み会で一緒になった。30代後半。普段はかなり仕事が出来るのだが、酒が入ると豹変する。ある時は酔って、お店のシャンデリアに飛びついて、40万円分弁償することになったりした。

そんな彼が、その日お酒を飲んで絶好調だった。途中でみんなの驚きの声がする。そして「やめろーー」と叫んでいる。

なんと彼は酔って立ち上がり、醤油の入れ物を頭の上に掲げて、頭に醤油をかけまくっているのだ。そして醤油だらけの頭をシャンプーでもするかのように両手でこすりまくっている。醤油をシャンプーがわりにした人は初めて見たし、あまりにバカバカしく笑ってしまった。

そんな彼の姿が、数日前に卵を頭に塗った笑福と被ってしまった。僕は、醤油シャンプーの彼のことが好きだ。なんだかワクワクするのだ。ということは、大人になっても子供のような気持ちを持っている大人に魅かれているのではないか？

僕もまだまだ子供心を持つ大人になりたい。笑福に負けてられないぞ！

父の気づき

子供心は大人をワクワクさせる。自分はそれを忘れていないか？

子供を叱るときのポイント。その行動に共感してみる。

先日、公園に行きました。僕と妻と息子・笑福。そしてお隣のお友達M君とお母さん。公園に行くと、笑福は落ちているどんぐりに興味津々。どんぐりを沢山拾っては、持っていたおもちゃのトラックの荷台に乗せたりして。子供の行動を見ていると、自分も子供のころに、こういう無意味な行動、やったよなーと思いだす。

子供の行動と大人の行動で一番違うのは意味を求めるかどうかではないかと思う。大人は一個ずつの行動に意味を求める。お金をもらえるか？　モテるか？　などなど。だけど子供は無意味なことに突き進む。いつから俺は無意味なことをしなくなったのか？なんて考えたりもします。

最近、笑福はシャボン玉が大好きで、銃の形をしたシャボン玉を作る機械が特にお気に入り。シャボン銃と呼ばせていただこう。シャボン玉を作る液体にそのシャボン銃を浸して、スイッチを押すと、シャボン銃の先端についた扇風機のような機械が回転しシャボン玉を一気に何個も作り出す。

もう、これを見た時の笑福のテンション、ヤバメです。フェスに行ってテンション上がりまくりの女子以上。空に浮かんでいくシャボン玉に自らタックルしていく。

しばらくそれで遊んでいると飽きてきます。笑福は再びどんぐり拾いに。すると、友達のM君が、置いてあったシャボン銃を手に取り遊び出しました。

M君とお母さんがそれで遊んでいると、笑福が近づいていき、M君が遊んでいるシャボン銃に手をかけました。「俺のだ」と言わんばかりに。それを楽しんでいるのはM君ですから、M君も「今、遊んでいるのは俺だ」とばかりに、自分の方に引っ張ります。すると笑福はさらなる力でそのシャボン銃を取ろうとするので、さすがに妻が止めに入り、笑福に注意。「笑福、ダメでしょ！　M君が遊んでいるんだから」と。

笑福は号泣。大粒の涙を流しまくりました。笑福は自分の取った行動を正義だと思っているのでしょう。なのに、自分の大好きな母親が味方になってくれなかった。それどころか注意された。だから泣き出した。

こういう時。どうやって注意したらいいのかなと考える。もっと強く叱る人もいるだろうし。優しく注意する人もいるだろうし。

だけど、人が楽しんでいる物を力ずくで取ってはいけません。それが自分の物であろうが、「俺の物は俺の物」と強く思うと、「お前の物も俺の物」とジャイアン的精神が芽生えてしまうのではないか？　と心配になってしまう。

だからこそ、ちゃんと注意しなきゃいけないし、だけど、叱り方によってはただお母さんが怒っていると思ってしまうのではないか？　と。

そこでこのことをブログに書いてみると、沢山のコメントが届き。とても多かったのが、まず子供に共感してあげることが大事だと。なぜ、そのような行動を取ったのか？なぜ、それをしたのか？　子供の目線で一度共感してあげる。「M君が遊んでたから、それで遊びたくなっちゃったんだよねー」と共感する。そこから「だけどね」と、何がいけなかったのかを注意するのが大事だと。

確かに。大人の僕らでもそうだ。たとえば、番組の会議で企画を出した時に「それ、おもしろくないな」とただ否定されるよりも、「わかる。この企画わかるよ。だけどさ」と言ってくれる人の方が、なんか次の企画を出そうとやる気になる。自分に共感してくれてるもんな。その子供の目線に立って考えることが大事なんだなと。シャボン銃に気づかされる。

今はまだ小さいからいいが。高校生とかになって、人の物を欲しがったらどうしようと思ってしまった。僕は高校生の時に親友Y君が大好きだった女の子のことを途中から好きになってしまい。Y君を裏切り、自分が先に告白し、付き合ってしまったのだ。僕が付き合い始めた時に、Y君は激怒し、その関係は壊れてしまった。その気まずさは大人になった今も続く（と僕は思っている）。

もし笑福が高校生になって、「友達が好きな子を好きになっちゃったんだけど」と相談されたら自分はどう答えるのか？　と考えてみる。これを読んでいる皆さんだったら自分の子供にどう答えますか？

僕が笑福に言うであろう答え。それは「本当に好きなのか？　本気で好きなのか？　人を好きになることは素敵なことだけど、好きになって、失くすものもある。大切なものをいくつも失っても、その子が好きってだけで幸せだって言い切れるなら、自分の思うように行動すればいい。だけど、失いたくないなら、その気持ちをずっと自分の中にしまっておけばいい」と言うかなと。今はそう思う。本当に言うと思う。

子供と一緒にいると、自分がここまで歩んできた人生で起きたことを思い返し、それが正しかったかどうかを考える。子供を育てながら自分の人生を復習したりする。おもしろいな。

父の気づき

子供を育てることは、自分の人生を復習することでもある

結構年のいっている自分。どうする⁉　二人目問題。

我が家の光景。妻は家で素足でスリッパを履いてます。

先日、妻が自分の足の臭いを嗅ぎながら僕に「ねえ、足の臭い嗅いでくんない？」と言ってきました。人の足の臭いを嗅ぐのが好きな人なんていないと思いますが、僕もご多分に漏れず嫌いです。妻であろうとも。「えー？　いやだよー」と言いました。

すると妻は「お願い。お願い。スリッパが臭いからさ、自分の足の臭いが多分臭いと思うんだけど自分ではあんまり分からないから、何系の臭いがするか嗅いで教えて」と言いました。何系って。ラーメンだったら分かりますよ。家系ラーメンとかね。でも、足の臭いが何系なのかって言われても。足の臭いはそんなに何種類もないでしょ。

僕が「イヤだよー」ともう一度拒否すると、「お願い、お願い」と言ってくるので、仕方ないなと嗅ぐことにしました。息子・笑福、2歳半。プラレールで遊びながら僕ら夫婦の行動をチラチラ見てます。妻が足を僕の前に出すので、僕は勇気を持って崖から飛び降りるつもりで妻の足の親指あたりに自分の鼻を付けました。

何系なのか？　やはり。足の臭い系でした。

お酢を超酸っぱくして、そこに納豆を入れたような酸っぱさと発酵感が僕を一気に火星まで連れて行ってくれる。そんな感じ。

僕が思わずせき込み。「すっぺーよ」と言うと、妻は「やっぱりな」と。いや、だいたい分かるだろ、と。

すると、それをジーっと見ていた笑福。僕が思わず笑福に言いました。「笑福も嗅いでみるか？」笑福は笑顔で「うん」と言って妻の足を自ら手で持ちました。

大好きなママです。

ママの足を手で持ち、思い切り自分の鼻に付けます。そして5秒ほど間が出来た後。「ゴホっ」と思い切りせき込み、大爆笑。せき込みながら大爆笑です。臭くて笑うしかなかったのか？　ずっと笑っていました。

そんな日常を過ごしている僕たちですが、最近、ふと頭に過る（よぎる）ことがあります。それは「二人目」について。前に妻は言いました。「笑福に弟か妹を作ってあげたいな」と。

僕は姉がいて二人兄弟。妻は妹がいて二人姉妹。兄弟がいることは、この年になってくるとあらためて心強いなと思います。父が二年前に癌になり、闘病を続けていますが、こういう時も、子供としての不安を姉とわかちあえて相談しあえることってありがたいなと思うんです。

そして、弟や妹が出来ることは、笑福にとっても大きな成長になりますし。

妊活してね、笑福という宝を授かれたことだけでもう贅沢です。だけどね、やはり二人目、考えますよね。だけどね、僕はもう45歳。妻はもうちょいで38歳です。そもそも僕の精子が運動率が悪かったり、問題はあったわけだし、妻の年齢も40近い。おそらく前よりも子供を授かることは大変なのではないかと思う。

僕のブログで「二人目を諦めるタイミング」についてのコメントが結構ありました。二人目を考えたけど諦めた人の声。リアルな声だなと思ったのは、一人目の子供が遊んだおもちゃや育児グッズを、二人目が出来た時のためにとっておいたけど、年齢と経済的な理由で諦めて、その日に、それを捨てたという言葉。

そんなことを考えていた時に、40歳を超えた知り合いのディレクターが車いすで会議に入ってきました。聞くと子供の運動会で転んで、ひびが入ったのだという。やはり年なんだと。笑福が数年後に学校の運動会に出て、親子競争に僕が出る時は50歳近くです。僕も同じようにけがをする可能性だってある。

最近、体力にかなり自信がなくなっている自分がいる。この一年で肺に異常がみつかったり、階段を上るだけでしんどかったり。年を取ったことを本当に痛感している。周りでも病気で倒れる同世代の人も増えている。

今年、僕より二つ上のディレクターさんが亡くなりました。確かに、後半、よく風邪ひくな〜とか思ったけど、まさか死ぬなんて。心臓の病気でした。いきなり。昨日まで会議にいた人がいなくなる。死ぬってこういうことなんですけどね、現実感がない。いきなりすぎて。自分の中で死ぬかもしれないという選択肢がリアルに見えてきました。死ぬことなんて自分とは遠い距離にあったはずなのに、10年以内に死ぬこともなくはないよなと。

そんな中でね、仮に二人目を授かったとしてね、自分の体力とか考えるとね、本当に親として育てきれるのかなと本気で考えてしまいました。出来るものなら二人目を授かりたいという思いと、自分の年齢を考えて、親として責任もって育てられるか？

そこもちゃんと考えなきゃいけない年齢なんだなと。欲しいからだけではダメなんだよなと。それが年を取ること。あらためて考えている僕です。

父の気づき

男性も年を取ったことを、いろんな意味で受け止めなきゃならない。

子供の質問にたじたじ。アオ信号って何色？

息子・笑福、2歳半になり、言葉をかなり使いこなすようになりました。一番わかりやすいのは動画を見たい時で、1歳過ぎた時に「ドゥー」と言うようになりました。「動画」の「ドゥー」です。そして2歳を過ぎて「どうが」と言うようになりました。「どうが、見たい」と。僕がテレビを作るお仕事をしているにもかかわらず、「どうが」ばかりを見たがります。そして2歳半になり、ついに「ユーチューブ見たい」と言うようになってしまいました。ＹｏｕＴｕｂｅを認識したのです。

そんな息子は街を歩いていても、気になったことを「これ、なーに？」と聞いてきます。スーパーとか一緒に歩いていて、知らない野菜とか果物を聞いてくるうちは可愛いです。

たまにお店に貼ってある電子マネーのシールを指して「これ、なに？」と聞かれた時には困ります。一番低いレベルで言うと「シールだよ」と言えばいいのですが、それでは笑福も納得しないでしょう。だから「お金をスマホで払えるってことだよ」と一応説明をしますが。

当然理解してないと思います。でも、説明をする気持ちが大事なのかなと思ったり。

妻を見ていると、一つずつちゃんと説明しています。僕はたまに説明するのが面倒になってしまう時があるのですが、やはり母親は優しく丁寧に説明しています。

息子を見ていて、言葉を覚えることと、読めるようになることはまた違うんだなと気づきます。話せる上で、読む。読むことが高度だとわかります。笑福は数字を1から10まで言えるようになりました。妻が笑福とお風呂に入っている時に、一緒に「いーち、に～～、さ～～～ん」と聞こえてきた時には、僕と妻も子供を授かることが出来たんだとあらためて実感するのです。そして、その瞬間に思わずニンマリして、感謝します。

数字を数えられるようになったかと思い、エレベーターに乗り、「5」を指して「これ、いくつだ?」と聞くと「に――――!」と言います。「1」は「いち」と読めるのですが、それ以外はなんでも「に――」と言ってしまいます。でも、そのうち、すぐに読めるようになるんでしょうね。

僕も45歳。新しいことを覚えるのがしんどくてしんどくて。息子を見て羨ましくなってしまいます。笑福が最近、覚えたものに、「色」があります。赤・青・黄色、意外にも緑、ダイダイ、ピンク、白、黒。沢山の色を言えるようになりました。色は数字と違い、言葉だけでなく、色を見て認識しています。最初に覚えたのは赤で、そこから白。そのあとに他の色も覚えていったようです。

で、先日、保育園に行った時のことです。なるべく一緒に歩きながらも色んなことを教えるように努力しています。特に道の歩き方。「信号が赤になったら止まる」と。

ある日、横断歩道の前で「赤になったら止まるんだよー」と耳元で言ったあとに、信号が赤になり車が一斉に止まると「とまった――――」と驚きました。そのあと、青になったら歩き出すということを教えようと思い、信号が青になった時に笑福に言いました。「色、変わったね。あれ、何色?」と。するとと笑福は元気に言いました。「みどりー――」と。

そうです。信号、僕らは青と言ってますが、どう見ても緑ですよね。緑と言った笑福は間違いじゃない。どう言ってあげたらいいんだろう?と思い、保育園の先生に聞いてみた。「先生は信号の青、子供に緑だって言われたことありませんか?」と。すると先生は、超あるあるらしく、教えてくれました。「青信号だよ!って言うと、子供たちに緑じゃないか!って突っ込まれまくるんです。だけど、先生も緑だと思うけど、信号は青って言うんだよーって言うんです」と。先生も同じことで悩むんだと。

そんでネットで調べてみる。なんで緑じゃなくて青なの?って。

緑信号を青信号と呼ぶのは日本だけで、1930年、日本に初めて信号機が設置された時はまだ、青信号を法令的には緑色信号と呼んでいた……と。でも、そこからなぜか新聞や人々は青信号と呼びだした。ここからはいくつか諸説あり。

元々日本では「緑」という表現をする習慣があまりない。緑色なのに「青りんご」と呼びますよね。緑が生い茂ってるところでは「青々としてる」と言ったり。確かに。日本語では緑という表現をあまりしないから青になったと。でも、そうだとしたら、緑かわいそう。他の説としては。日本では赤の対比に青を使うことが多いとか。色々ありますが。結局どんな説であれ、子供たちは納得しないでしょう。

緑なのに青。青と覚えてもらうしかない。そう考えると「緑なのに青と言う」というのが、子供が一番最初に乗り越える矛盾なのかななんて思ったりして。大人になっていくと、沢山の矛盾、乗り越えなきゃいけないからね。なんて子供には言えないよなー。

父の気づき

子供も大きくなりながら、
いろんな矛盾を乗り越えていくのだ。

男は女性に、叱られ続ける生き物。

家で妻に怒られる一番の理由は、部屋の汚さ。特に僕の仕事部屋。僕の綺麗の合格点と妻の合格点が違います。まるで僕のことをゴミ人間かのように叱る時もあり、あまりに怒られていると、45歳で怒られている自分が情けなくなり、そんな自分を俯瞰で見て笑ってしまう時があります。

いつまでこんな感じで怒られるのか？　あと10年くらいで怒られなくなるのかなんて思っていたら。

先日、お世話になっているご夫婦がいて、その夫婦が結婚して40周年を迎えたんです。旦那さん、とてもお仕事が出来る方で、僕を含め、尊敬している方も多数。なのに、奥さんに家では怒られることも多いらしい。奥さんに最近、何で怒ったか？　と聞いたら、旦那さんが、パジャマの上と下を違うものを着ていたことに腹が立ったとか。「上と下、違うパジャマで気持ち悪くないわけ?」と。そして、「冷蔵庫開けて、○○取ってきて」とお願いしたら、「なかったよ」と。冷蔵庫開けて一番前にあるのに、見つけられず、奥さんは「あなたは冷蔵庫の中で物が手を振ってくれないと見つけられないわけ?」と怒ったのだとか。

どんなに立派な人でも奥さんの前ではただの「人」なんですねぇ。

で、息子、笑福も、妻に叱られる回数が多くなってきました。先日は、人から貰った大事なおもちゃの部品を、ベッドの後ろ側に落としてしまいました。それを拾うにはベッドごと動かさないといけない。笑福は好奇心で落としてしまったのだと思いますが、妻はそれをとても厳しく叱りました。そこに落としたことも叱りましたが、一番は人からもらったものを落として、使えなくしてしまったこと。かなり厳しく注意します。

叱られているときの笑福は、泣かずに、何度か僕を見ます。そして、僕を見てニヤリと笑います。助けを求めているのでしょうか？　でも、この時に優しい顔をすると僕まで怒られてしまうので、笑福の可愛い顔で見つめられても無表情。助け船は出しません。なんでしょう。

笑福が男だからというのもあるのか、妻に怒られている姿になんだか共感してしまう。

そんな中、僕と笑福が同時に怒られることがありました。

妻は笑福にチョコを食べさせません。４歳になるまでチョコは食べさせないと決めているのです。虫歯の対策が一番のようですが。

半年ほど前、笑福とドン・キホーテに行ったときに、笑福にチョコのお菓子を買ってあげました。嬉しそうに食べる笑福。

家に帰ると、笑福の口元についてたチョコを見つけ、妻が僕に厳しく怒ります。「4歳になるまでチョコはダメだからね」と。僕だけでなく笑福にも注意。

そして先日。妻が仕事でいないときに、僕は笑福とスーパーに行きました。食材を買っていると、笑福がお菓子コーナーで足を止めて、人気のチョコのお菓子を手に取りました。僕の目を見て、ニコっと笑います。僕は笑福に言いました。

「ママにチョコダメって言われたでしょ？　ダメだよ」とチョコを取り、売場に戻します。すると笑福、もう一度チョコを取り、僕の籠に入れて満面の笑みで「これ、ほしい」と言うのです。もう、その笑顔。中学2年の時に好きだった女の子の笑顔を越えました。そんな笑顔見せられたら、もう、買うしかねえなと。

僕が「よし、買おう」と言うと、笑福は飛び跳ねて喜びます。こんなにも喜んでくれるなら、買って良かったと思いました。家に帰って、むさぼるようにチョコを食べる笑福。僕は笑福に言いました。「ママに言っちゃダメだぞ」と。

一週間後。僕が家に帰ると、妻が超怒っています。そして言いました。「笑福にチョコ買ったでしょう」と。え？　なんでバレたの？　笑福と一緒にスーパーに行ったら、今まで手に取らなかったチョコを手に取り、「ほしい」と言ったそうです。妻が「??」と思い、「とうとに買ってもらったの？」と聞くと、「うん」。

早──い。

怒っている妻の横に立っている笑福。僕を見て、申し訳なさそうな顔をしている。そこで僕に激怒する妻。「言ったでしょ？　4歳まであげないって」と。怒っているうちにどんどん温度が上がってくる。

僕が笑福を見る。助けを求めるかのように。すると笑福は見て見ぬフリ。

お叱りはそこでは終わらなかった。妻のママ友達に、このことを報告すると、今度はママ友達から「最低──」の声。いや、チョコ一つでこんなに怒られるかと。

僕を怒っている時に時折、チョコを食べた笑福への注意も挟む。

45歳のおじさんと2歳半の笑福。なんだか、一緒に怒られていることで、友情に近いものも芽生えたりした。笑福にいつか言いたい。

「男って女に怒られ続ける生き物なんだぞ」

父の気づき

子供が母親に怒られると、父親との間に友情が芽生える。

結婚15年目の衝撃。中華屋さんでのレンゲ事件。

僕は人の握ったおにぎりが食べられない。大人になり、彼女が出来て、キスだってセックスだってするのに、キッチンでおにぎりを握られたりすると、げんなりしていた。この「人の握ったおにぎりが食べられない問題」に関しては、意外と共感する人がいる。男性が多いような気がする。

そんな僕だけど、妻のおにぎりは食べられる。交際0日で結婚している妻と一緒に住み始めた時は、ほぼ他人に近いわけです。でも、なぜでしょう。妻のおにぎりは、結婚してすぐから何の問題もなく食べることが出来た。結婚して家族になったらいいのだろうか？ つまり、これは精神的な問題なのではないかと気づく。ちなみに、お店で出てくるおにぎりは大丈夫だ。赤の他人が握っているのに、最初から「商品」として出てくるのは大丈夫。

妻とは結婚して15年。おにぎりを握ってくれることもしょっちゅう。キスもするし、一緒にお風呂も入れる。なぜ、こんなことを書いてるかというと。そんな妻と一緒にご飯を食べに行った時のこと。

15年で初めての「躊躇（ちゅうちょ）」があったからだ。何を躊躇したというのか？

お隣に住んでいるAさんご夫妻と、そのお子さん。そして僕と妻と息子の笑福、6人で近所の中華屋さんでご飯を食べることになった。近所といっても歩くと微妙な距離ということで、電動自転車で店まで行くことになった。妻とAさんの奥さんは自分の電動自転車。マンションで貸してくれる電動自転車が一台だけあるということで、僕が乗ることになった。Aさんの旦那さんは代理店に勤めている方。普段からスケボーに乗っているのだという。

年も僕と近くて40代。店に向かう間に、颯爽（さっそう）とスケボーに乗っている姿は格好いいなと思ってしまった。Aさんの息子も、自分の父親の姿を見て、格好いいな〜と思っているだろう。

僕は、その日、ほぼ人生初の電動自転車だった。スイッチを入れて、ギアを入れて、ペダルを一気に踏み込む。と、想像より自転車が一気に前に出て、あわてて倒れそうになる。電動自転車初体験あるあるらしいのだが、その姿を見て、妻と息子、Aさんの家族も笑う。電動自転車で壁に激突しそうになる45歳のおじさんと、スケボーに乗る40代のおじさん。えらい違いだ。

中華屋さんに着いて、注文。メインはラーメンか麻婆豆腐丼。妻はラーメンを頼み、僕は麻婆豆腐丼。二人でシェアして食べることになった。ちなみに息子はお子様用セット。前菜からおかずまで、とてもおいしい。何より、お隣さんのご家族と休日に一緒にランチしているこの小さな幸せ感がいい。子供同士が、店内をキャッキャ言いながら走って、たまに注意する母親なんか見ていると微笑ましくなる。

そしてメインが登場した。麻婆豆腐丼とラーメンが来て、妻がシェアする役目。妻はまずレンゲで麻婆豆腐丼を半分に分けます。とても香ばしい匂いがしておいしそう。続いてはラーメン。麺を半分に分ける。スープも分けたかったのですが、目の前にあるレンゲには麻婆豆腐がちょっとついている。本当にちょっとだったので、僕は「そのレンゲでいいんじゃない？」と言いました。麻婆豆腐がちょっとくらいついてたって味は変わらないだろうと。店員さんも忙しそうだったので、レンゲ一個もらうのが申し訳ない。だったら、それでいいじゃんと思ったのです。

すると妻は、その麻婆豆腐のちょっとついたレンゲをベロリと口の中に入れて、ギュルギュルと吸うように、レンゲを綺麗にしてしまいました。そして、そのレンゲをラーメンのスープの中に入れて、スープをすくい出したのです。

その光景を見た時に、「え？」と思ってしまいました。そしてシェアしてくれたラーメンが前に置かれた時に、躊躇する自分がいました。

僕は思わず妻に聞きました。「なんで今、レンゲ、ナメた？」と。

妻のことは好きです。愛してます。結婚15年で何百を越えるキスもしてきました。風呂も入った。妻の握ったおにぎりだって食べられる。でも、なんでしょう。レンゲ全部に妻の唾液がついて、それがスープの中に入って溶け込んでいく。

僕がそれを言うと、妻は「べつにいいじゃん」と言いましたが。いや、良くない。これは良くない。何が嫌なんだ？　唾液が入ったから？　でも、それだけじゃない気がする。お隣のAさん家族は大爆笑。奥さんが言った。「うちの旦那も同じようなことやって、私、怒ったことあるんです」と。

結婚して15年もたつのに、こんなことで躊躇する自分がいるのだと驚いた。一体何が嫌だったのかは自分で解決出来ていないのだが。夫婦っておもしろい。結婚して30年たってもこういう発見ってあるのだろうか？

ちなみに、レンゲをナメる妻を息子はじーっと見てました。

父の気づき

結婚して15年たっても意外なところに発見がある。

泣き出す子供に、いちばん効くものは?

任天堂スイッチのスーパーマリオオデッセイのおかげで僕と2歳9カ月の息子、笑福との友情はかなり熱くなりました。

僕がマリオをやってると笑福は横で見て、やった気になる。そして、そのあと、YouTube動画でヒカキン&セイキンの攻略動画を見て、再び興奮。

ゲームの中で、パワームーンという月の形をしたものをゲットしていくのですが、僕がパワームーンを取ると、笑福は横で「やった――――」と喜んでくれます。マリオのおかげで、父と子というよりも、友達関係のようになっていて、それがとても楽しい。

が、ふとしたことで、子供の機嫌は一気に崩れる。

お世話になっているAさんに誘われて、妻と僕と笑福、4人で食事に。とてもおいしい中華。

笑福は食べながらお店の中を走り走り走り回る。僕が追いかけるとさらに興奮。笑福の体をつかんで、持ち上げる。いつもは大喜びのこの行動ですが、笑福の顔が曇りました。そして、顔から笑顔が逃げていき、一気に泣き顔に。そして右手をおさえて「いたい、いたいよー」と泣き出す。妻の方に走って抱きつく。

すると、妻は抱っこする。そっから1時間近く、右手をおさえて「いたい、いたいよー」と泣いている。だけど、妻が話しかけると、泣きやみ。妻が僕やAさんと会話をすると、寂しさを訴えるかのように「いたい、いたいよー」と痛みを訴えてくる。

正直、痛そうには見えず。まるで当たり屋のように「いたい、いたいよー」と訴える。訴えながら僕の顔をチラっと見る。そして「とうとのせいで、いたいー」と言うのです。

完全に気まずい状態です。妻も、僕が無理に笑福を持ち上げようとしなければ、笑福の機嫌は崩れなかったのに的空気。僕のせいです。家に帰り、まだご機嫌斜め。手をおさえて「いたい、いたい」と言っている。

少しでも笑福の機嫌をよくさせようと、スマホで動画を再生。セイキンのマリオオデッセイ攻略動画。笑福は泣くのも忘れて、動画を見る。

そして、マリオがパワームーンをゲットすると、笑福はそれを見て「いたいのが治ったー」と言ったのです。それを聞いて、思わず叫びそうになりましたよ。「痛くなかったのかよー」と。

そんで、その数日後。妻が笑福と二人で笑福の靴を買いに行きました。笑福は2歳9カ月にして、靴のサイズが17・5センチ。でかいです。デパートで靴を買っている時に、笑福は一人で走り回ったり、どっかに行こうとしたり。

たまにデパートで迷子になる子がいますが、放っておいたら迷子になりそうな勢いだったとか。あまりにも言うことを聞かないので、妻が笑福の手を持って引っ張ったそうです。すると、笑福が手を持って「いたい、いたいよー」と号泣。その場で泣き崩れるながら手の痛さをアピール。当たり屋登場です。

妻は笑福を駐車場の自分の車に連れていったそうです。それでも泣きやまない笑福。「いたい」と言い続ける。すると、妻は笑福に説明を始めたそうです。

「手を引っ張ったことは申し訳ない。だけど、あそこで引っ張らないと笑福がどっかに行っちゃうでしょ？　そしたら誰かに連れていかれちゃうかもしれないでしょ」とちゃんと説明。

だけど泣きやまない笑福。妻もなんだか悲しさがあふれてきて、泣く笑福の前で、号泣してしまったそうです。号泣には号泣返しです。妻が泣き出すと、笑福はキョトンとして泣くのをやめたとか。すごいもんです。

家に帰ってきても、笑福はまだ手の痛みを訴える。そこで、セイキンの動画を見る。マリオ攻略動画です。そしてパワームーンをゲットすると、またもや「いたいのが治った――」と。

僕が家に帰ってくると、妻は、この日あったことを僕に話し、そして「パワームーンってすごいね」と。そんなことをブログに書いていたら。なんと、子供の腕はとても外れやすいのだとのご指摘が。ふとしたことで外れて。もちろん、すぐに戻ることもあると。だから強く引っ張ったりするのは危ないのだと。妻も同じ話を人から聞いたらしく。

痛がったところから嘘だと思っていたけど、たぶん、僕が体を持ち上げたり、妻が手を引っ張ったときには強い痛みがあったのは事実で。そのあと、どこかで治ったのだけれど。子供には「痛みが治ったのだ！」という精神的スイッチが必要で、それがパワームーンだったのだ。

そうか。だから子供の手を取るときには気をつけなきゃいけないのだなという気づきと、そして改めてパワームーンに感謝した。

大人にも仕事でイヤなことがあった時に力をくれるパワームーンがあったらいいのになと、思ったり。

父の気づき

子供には精神的スイッチがとても大事。
大人にも「パワームーン」は必要だ。

叱ろうにも叱れない！　親の悩みは意外に深い。

ある日の夕方、息子、笑福を保育園に迎えに行った帰りにスーパーに寄りました。その日にそこで、買いたい食材があった。

笑福は、2歳9カ月。走り回ります。

その週に、妻が一緒に買い物に行き、笑福の手を引っ張ったことが原因で、「痛い、痛い」と大泣きして大変なことになりました。

スーパーに行くと笑福は走り回ります。しばらくは、人に迷惑かけなきゃいいかと思い、放っておきましたが、いっこうにやめる気配はありません。僕が野菜を見ていると、一人走っていき出口に近づいていきました。僕が走って近づいていくと、笑福は走って逃げます。スーパーの野菜に身を隠して、僕を惑わせます。

なんとか笑福を捕まえる。ちょっと息切れる45歳。このとき、また手を引っ張りすぎると「痛い、痛い」となると大変なので、優しく自分の近くに引っ張る。カートに乗せようとすると、とにかく嫌がる。ちょっと乗せても自分で出ようとするので、危ない。

笑福に「あっちに出たらダメでしょ。危ないでしょ」と言うと、もう、子供は芸人と一緒。それをフリだと認識して、笑福を放すと、また出口に近づいていくので、選んでいた小松菜を一度置いて、笑福のところに走っていく。小松菜一個、なかなか選ばせてくれない。

するとと今度は、お肉のコーナーに近づいていく。お肉をラップの上から押していく。お肉を指でギュッギュッとやっていく。

ここで自分の昔の思い出がフラッシュバック。「俺もやってた——」と。そんでお母さんに怒られた——。子供あるあるだとは分かっているけど、お肉に被害が及んではいけないので、笑福の手を止める。

再び小松菜選びに戻る。小松菜から次の食材に進めない。今度は、ヨーグルトの置いてあるコーナーに走っていく。なぜヨーグルトにひかれているのかわからないが、興味津々。持ってじっと見つめている。

すると今度は、ヨーグルトのあとに、ＬＧ21を手に持った。ドリンクです。それを僕のところに持ってきて、買い物かごに入れようとする。

「ありがとう、笑福、持ってきてくれるのはありがたいんだけど、今日は、これはいらないんだな」

ＬＧ21、体にいいと評判です。味もおいしい。だけど、この日、買う予定はないもの。だから僕はそれを元の場所に戻しました。すると、笑福、再びＬＧ21を持ち、僕の顔を見てニコニコとして、いきなり「エイ‼」と投げてしまったのです。ＬＧ21。ラッキーなことに、破損したりするようなことはなかったですが、転がっていくＬＧ21。さすがにもう一度同じところに戻すのに罪悪感を覚えて、自分のかごに入れました。

笑福に「ダメでしょ」と注意すると、笑福、もう一度、ヨーグルトコーナーに走っていき、ＬＧ21を取り、「エイ‼」と投げてしまいました。さっきよりも強く。

激しく床に叩きつけられたＬＧ21ですが、ラッキーなことに破損はしてない。僕はそれを取り、かごに入れました。買う予定のなかったＬＧ21が二本。

いいんですよ。体にいいし、おいしいし。

僕が困ってる姿もおもしろくて、笑福は、僕がやっちゃダメだと言うことをやっていく。野菜選びがなかなか進行しない。さすがに笑福の目を見て厳しく注意。モノを投げちゃダメなことを厳しい口調で目を見て言ったつもりです。ただ、本当ならもっと厳しく注意しなきゃいけないのかもしれません。

でも、そのとき、ここで考えてしまいました。ここで、もし号泣してしまったらと。号泣して、言うこときかなくなったら、買い物はしていられなくなる、と。

だから、その注意も、7割くらいで止めてしまったと思います。

くれぐれも、厳しく言うのが出来ないからじゃないんです。

この状況で、泣かれて面倒なことになったらと思ってしまったのです。このことをブログで軽く書いたら。共感する人。僕が注意しなかったことに、注意する人。まっぷたつに割れまして。

スーパーの外まで連れていき、とにかく徹底的に注意するというお母さんも結構いました。確かに、たまにそういうお母さんを見ますね。

正直、僕はその日、買い物をしたらなるべく早く家に帰って仕事しなきゃいけなかった。そのことも考えてしまっていた。

現実と理想と。その中で戸惑いながらも、翌日朝、冷蔵庫を開けてＬＧ21を飲む。子供に愛を持って、叱りたいけど叱れないわけじゃなくて、叱れない状況もある。仕事もある。時間も限られている。この状況の中で、子供と向き合う育児。まさしく、育自だと言う人もいるけど。いい修行です。

父の気づき

叱れないわけじゃなくて、叱れない状況も、親にはあるのだ。

もしも地震が起きたら。だから引っ越しを決めた。

子供が2歳過ぎたころ、うちは小学校のことを考えて、引っ越しをしました。もう小学校のことを考えるのか？　と周りに驚く人もいますが。考えました。

周りで同じ年の子を持つお母さんたちも考えている人も多く。「私立がいいか？　どの学校がいいか？」とか話している。うちは保育園に行かせていますが、インターの学校に通わせている人もいるし、英語教育を始めている人もいる。

僕が最近、お仕事を始めた東大の医学部の現役の女性。この女性は、例えば、知らない曲の曲名が100曲書かれた紙を見せると、20分ほどで暗記出来てしまう特殊能力を持つ。数学オリンピックにも出場していて、小学校3年生の時には、数学の参考書、高校三年分まで暗記してしまったのだ。その女性に、子供の頃、特別な勉強していたか聞くと、「七田式」という脳を伸ばす塾に通っていたのだとか。早速、七田式を調べてしまう僕だったが。

僕は息子・笑福に、習わせたいことがある。一つは水泳。もう一つはプログラミング。プログラミングが出来る人に聞くと、やはり、子供に習わせたいとみんな言う。今、子供のプログラミング教室がかなり流行っているが、プログラミングが出来ると、それを将来生かすかどうかは別として、スマホのアプリを見て、何がどう動いてるかわかるようになると言う。英語や中国語を喋れるのと同様、世の中の大きな仕組みを理解できるようになると。もし笑福が嫌じゃなければ、習ってほしいなと思う。ちなみに僕の知り合い、元暴走族で葛飾に住んでいるディレクターの子供は、とにかくゲームが大好き。そしてＹｏｕＴｕｂｅが大好き。そんで、あまりに好きすぎて、小学校高学年になり、パソコンを買ってあげたら、なんと、ゲームを作り出したと。ゲームを作り出すと、普通のゲームをすることに飽きるんですね。

と、書いてきましたが。僕は、色んな勉強をさせたり、色んな塾に通わせたりしたいとは思わない。

で、私立と公立の小学校の話に戻るが。僕がある記事にこの「私立か、公立か問題」を書いたら、ネットで結構話題になってしまった。

どんなことを書いたかと言うと、僕は公立に行かせたいと。その一番の理由は「地震」。

南海トラフや東京直下型の地震など、来る、来る、来ると言われている。僕は10年以内に絶対に大きな地震が関東を襲うと思っている。だって、ちゃんとした機関がその高い可能性まで発表しているわけだから、来ると思って生活している。２０１１年の東日本大震災から7年以上がたち、残念ながら、あの時の恐怖を、あの時のまま心に刻みながら都内で生活している人は少なくなっているはずだ。

あの震災の時、笑福はまだいなかった。だけど、今は笑福がいる。もし、電車で通わなければいけない学校に行かせて、電車に乗っている時に被災したらと考える。学校にいる時ならまだいいが、移動中に起きたら。連絡も取れなくなったらと。

公立ならば、家のすぐ近く。笑福でも歩いて3分のところだ。公園も目の前にある。このことを周りの人に言うと結構ビックリする。3月11日が近づいた日に、このことを記事に書いた。叩かれるかなと思ったら。共感してくれる声が多くて驚いた。

あの震災の時に、実際に、電車で学校に通わせていた親の声。そして、家の近くに通わせていた親の声。地震や天災に備えて、働く場所を電車で通うところから家の近所にしたという人の意見まで。僕と同じ考えを持っている親御さんがいて。やっぱり、自分の考え方に間違いはないんだと自信がもてた。もちろん、これが120%の正解だと言い張るつもりもない。

子供を育てていくうえで、何を大事にしていくかは違っていいと思うから。だけど、僕は、地震や天災のことを考えて生活し、笑福を育てる。だから、少々気が早いと思われるが、いい建物があったので、引っ越した。

まったく話が変わるが、先日、家の洗面所で、妻がおならをした。猛烈に臭かった。なんと、おならをした妻自ら、その匂いに耐えられず、そこを去っていった。自分でした屁が臭くて逃げるって、これよっぽどですよ。

笑福が興味津々に「なにがあったの?」みたいな感じで近づいてきた。すると妻は笑福に「お母さんのお尻、臭いか、嗅いでみて?」と言ったら、笑福が思い切りお尻に顔を付けて、「くさ――――い」と言った。そりゃそうだろ。もう一度、妻が「笑福、もう一回やってみて」と言ったら、笑福が妻のお尻に顔をギュッとつけて、そして「くさーーい」とやった。さすが芸人の息子だけあって、繰り返すことを知っている。そんな姿を見て、思わず笑う僕。

こういう日常の笑い。幸せ。こういうことが当たり前だと思わないように。

常に父親の僕は頭の片隅に色々な「もしも」をひっかけておかなきゃいけないんだなと思う。

父の気づき

もしもの時に備えて、
住む環境を整えることも大切。

仕事を取るか、子供を取るか。

息子、笑福、2歳10カ月。先日、僕と息子、妻と3人で家で遊んでいるときに、いきなり笑福が僕の頭の髪の毛をつかんで言いました「これ、どこで買ったの?」。

僕が「これは買ってないよ」というと、息子は笑い出します。いや、ドキドキしましたよ。僕は地毛ですけどね、もし、外で誰かに同じことをしたらと思うと。もしその人が地毛じゃなかったらと思うと、多分、その瞬間は地獄のような気まずさになりますよね。笑福に「絶対、他の人にやっちゃダメだよ」とは言うのですが、どこまで理解しているのやら。妻は横で笑っている。

まあ、そんな日常も幸せの1シーンなんですけどね。やはり、息子、笑福は僕と妻と3人で一緒にいるときにすごく喜んでいます。今年のお花見に行ったときも、真ん中で僕と妻の手を持って歩く。昔のドリカムのジャケットのような感じですよ。僕と妻の手を自分の顔に当てる。そして「楽しいねー」と言う。その顔がまた嬉しいです。

その日はかなり無理して時間を作って昼にお花見に行ったんですが。眠気も疲れも飛びますよね。

子供というのはやはり正直です。僕が忙しいことを理由に笑福といる時間が少なくなると、笑福は僕に冷たくなっていきます。ですが、時間を作って二人だけで遊びに行く時間を増やすと、まず、目が違う。顔が違う。態度が違う。

恋愛だってそうだから、親子だったらなおさら。時間と愛情は比例するよなと分かっていながらも、やはり体験しないと100％理解は出来ないものです。

で、育児と働くこと。あらためて最近考えます。妻は笑福を生んで、半年で仕事復帰しました。それは妻が望んだというよりも、僕が望んだことです。妊活休業というゴールが分からない中で、それを理解してくれたテレビ番組スタッフが妻を休ませてくれた。そして森三中のメンバーもいる。そしてその時、僕は放送作家業をほぼ休むことが出来たので、とにかく妻を仕事に戻したいと思ってました。半年で復帰しましたが、基本は、毎週月曜日のヒルナンデスと二週に一度の番組収録。くらい。しばらくは本当にゆっくりなペースで仕事をしていました。ですが、2歳を超えたあたりから、ちょいちょいレギュラー以外の仕事を増やし始めました。

なので、二週に一度くらいは妻と仕事のスケジュールの話をします。「○日は笑福を迎えに行けるかな？」とか「×日に□□の仕事のオファーが来てるんだけど」とか、話になり、僕が迎えに行ける時は「その日、行けるわ」とか、誰か知り合いに頼める時は頼んだり。無理しない感じで仕事を入れるようになっています。

ただ、先日、妻が「○日に△△のオファーが来たんだけど、笑福を迎えに行けるかな」とLINEが来ました。その仕事は僕から見ても今の妻の仕事にすごく合ってる仕事だし、是非やってほしい仕事でした。だけど、僕の仕事がどうしても調整着かず「ごめん、その日、行けないんだ」と妻は「OKでーす。じゃあ断りまーす」と返ってきました。もう一度「ごめん」と返すと「いいんだよー」と明るく返ってきます。

申し訳ない気持ちになる。絶対いい仕事だけど、やはり育児がある。当たり前かもしれないが、妻は仕事よりも育児を優先させる。

妻のあの明るいLINEの返信は僕への気遣いなのか？　それとも、そんな気遣いなどまったくないのか？

ある夜、家に帰る。お風呂から妻と笑福の楽しそうな声が聞こえる。お風呂を覗くと湯船に入った母と息子。笑福は妻の膝にまたがり、妻は「足が上昇します」と言って笑福を乗せた右足は上がっていき、あるところで一気に下がる。笑福は爆笑する。とても楽しそう。この数日間で生まれた新たな遊びらしい。その姿を見て。母と息子の関係は日々変化し、より強いものになっている。

話はちょっと変わるが。ある女性のメイクさん。シングルマザーで子供2人を育てている。僕の目の前で仕事の話が来る。急な仕事のオファーらしい。色々考えながら「すいません。お断りさせてください」と電話しながら頭を深く下げている。仕事を引き受けたいが、子供の予定と照らし合わせて泣く泣く断っている。メイクさんの仕事もフリーなので、仕事のオファーがあるだけでありがたいことは分かっている。その中でシーソーにかけて断る。

妻が仕事を断るときにどんな思いなのかは聞いてはいないが。諦めることで手に入れる目の前の幸せがあり、諦めるからこそ、その目の前の幸せが何倍にも感じているのかなと、思ったりもした。

僕自身も日々仕事に追われている毎日。油断すると笑福との時間は少なくなってしまう。「子供はあっという間に大きくなるよ」と、聞き飽きるほど言われた言葉だが、その言葉が、自分の心の真ん中にゆっくりと来ている。仕事で諦めることも大事だと、自分に言い聞かせる、最近である。

父の気づき

諦めることで手に入れられる幸せ。
諦めるからその幸せが何倍にも感じる。

便秘症の子供のうんちは、何よりもめでたく喜ばしい。

息子、笑福は3歳手前にして、まだ結構な便秘症です。一週間近く出ないこともしょっちゅうです。僕も幼児の時に結構な便秘症で、家には浣腸が段ボールに入れてあり、基本それを使って排便をしていたとか。もちろん僕にはその記憶はありませんが。笑福を見ていて、普通にうんちが出ることってすごいことだなと思います。

先日、家族3人で京都に旅行に行ってまいりました。初めての京都旅行。一昨年出来た京都の鉄道博物館に行きました。そのとんでもない規模のでかさに笑ってしまいました。本物の新幹線、鉄道、など10体以上、様々な形で展示されています。

ジオラマやシュミレータなども規模がでかく、もう笑福は大興奮。大人の僕たちも驚きの連続。親と子、違った目線で楽しめる場所って本当に素晴らしいです。ちなみに、僕らが行った時はトーマスのスタンプラリーをやっていました。館内にある四つのポイントでスタンプを押すとステッカーが貰えます。が、館内はとてつもなく広い。スタンプポイントは1階、2階、3階、そして建物を出た別館まで。これを家族で回ったら結構な時間。笑福はジオラマに夢中。すると妻が僕にスタンプカードを渡して「行ってきてもらえますか?」と。

46歳を迎えた僕は階段を上がり下がり、汗をかきながらスタンプを押していく。すると、僕と同じようにお父さん一人でスタンプを押している人と目を合わせて軽く会釈。なんだろう、この猛烈な共感。パパって大変だよなぁ。

そんでスタンプ三つ押して、四つ目は家族みんなで行こうということになりました。すると四つ目のスタンプはトーマスの中に出てくる新キャラクター、フランキーだったのです。

うちの妻は春に公開された「きかんしゃトーマス」の映画の中で声優をやらせていただきました。息子がめちゃくちゃトーマスが好きで、それを色んな所で言ってたらお声がかかったのです。笑福も映画を見に行き、フランキーが登場すると「ママの声だー」とわかるらしい。こんなにありがたいことはないですよね。そんで、四つ目のスタンプがなんとフランキーだったのです。スタンプポイントに行くと、笑福は「ママが声をやってるやつだー」とテンションが上がり喜ぶ。その姿を見て、お父さん、かなり汗かいてしんどかったけど、スタンプ集めて良かったよと思う。

その鉄道博物館の階段の入り口で、笑福と同じ年くらいの子供がじっと止まっていました。同じポーズで。近くを通ると、うんちの匂い。そうです。うんちをしていたのですね。それを見て妻は「羨ましいな〜」と。笑福はこの時点で6日間、うんちをしていませんでした。もうお腹がパンパンです。早く出てほしいと強く願う。

そして夜は、京都にある、古い建物の中にある天ぷら屋さんへ。自分で探して、旅館風の天ぷら屋さんを予約しておきました。普段は旅館もやっているので、食べる部屋は個室になっています。

僕と妻は天ぷらを食べて、少しずつ笑福にシェアしてあげる。仲居さんがついてくれるのですが、この方、とてもやさしい方。子供にもとても慣れている。

とても雰囲気のいい天ぷら屋さん。仲居さんがいなくなった時、笑福がほりごたつの中に入って止まったのです。「もしかして?」と妻が言いました。すると、うんちの匂いが天ぷらを食べている僕の鼻に届く。そうです。おむつの中にうんちをし始めたのです。僕と妻は声を合わせました「やった――――!」と。不思議なものです。おいしい天ぷらを食べてる時にうんちの匂いがしたら嫌なもんですが、それ以上に、笑福が6日ぶりにうんちをした喜びが勝ちます。笑福が頑張ってうんちをするのを見届けながら、僕も妻も天ぷらを食べる。すごいね。すごい。親になるってすごい。子供がうんちする姿を応援しながら天ぷらを食べれるんだから。これが会社の上司に同じことされたらぶん殴りますけどね。

笑福はうんちが結構長い。この時点で仲居さんには見つかってない。雰囲気のいい部屋が笑福のうんちの匂いで充満しないように窓を開けてみる。換気です。なんとか仲居さんが来る前にうんちを終了してほしい。そう願ったのですが。襖が開く音がして、仲居さんが入ってきてしまった。そこで妻は白状する。「すいません、息子がうんちをしていまして」と。

すると仲居さん、心からの笑顔で「あら、良かったじゃない～」と。なんだかその笑顔にとても救われました。「ずっと便秘だったんです」と伝えると「めでたいじゃないですか～。あれ？ 私の顔見たらもよおしました？ ハハハハハ」と笑う。なんて素敵な仲居さんだ。無事、笑福はうんち終了。そのあとおいしく一緒に天ぷらをいただきました。

ちなみに笑福は顔に吹き出物があったのですが、うんちをした翌日、吹き出物がなくなっていった。体は正直。子供の体は小さいので、構造がよくわかる。

旅先のうんち。こういう素敵な店員さんのおかげで、うんちもいい思い出になりました。ありがとー。

父の気づき

素敵なお店の仲居さんは、子供のうんちの対応もすごい。

目の前にある当たり前に感謝して、毎日を生きたい。

バスタオル問題。お風呂に入った後に使うバスタオル。結構洗うの面倒ですよね。お風呂用のバスタオル、家族で何枚使っているか？

僕と妻と笑福、3人で三枚使うと洗濯も大変。うちは大体、3人で二枚。まず笑福の体を拭く。そしてその濡れた一枚と、もう一枚を使って妻と僕。僕が笑福と一緒にお風呂に入った時には、笑福の体を拭いて、その半分以上濡れたタオルで僕の体を拭く。妻が一緒に入った時には、その逆。

こないだ、笑福と一緒にお風呂に入った時に、笑福が風呂からなかなか出てこなかったので、僕の体を先に拭いてしまった。たまたま洗濯をしようと風呂の近くにいた妻がそれを見ていて「笑福の体、先に拭いてあげてよー」と注意される。

ブログでタオル問題のことを書くと、4人家族だけどバスタオルを一枚で済ませている家族もいたりして。多分、お父さんが一番最後になり、かなり濡れているタオルで拭いてるんだろうなーと想像すると泣けてくる。

僕は夜お風呂に入っても必ず朝、シャワーを浴びる。これをしないと本当に目が覚めないのだ。バスタオルの使用量が増えるので、妻には嫌がられる。

先日、朝、シャワーを浴びて、バスタオルで体を拭くと、とても臭かった。なので、妻に「これ、臭くなってきたよ」と聞くと、妻は言いました。「それ、臭い用のタオルだよ」と。臭い用のタオルってどういうこと？　○○用ってのはわかるけど、「臭い用」ってどういうこと？　もうちょっと詳しく話を聞いてみると、妻曰く、バスタオルって何回も使っていると臭くなってきますよね。そのタオルで体を拭くのも正直しんどい。スッキリしない。だからといって臭くなり始めたタオルを捨てるのももったいない。だけど、笑福用に使いたくはない。そうなると、夜と朝、二回バスタオルが必要で手間をかける僕用にすればいいと思ったらしい。つまりは、「朝シャワーを浴びる面倒なやつには臭いやつで十分だ用」ってことらしい。

それを略して「臭い用」なんだと。

確かにね。洗うのは僕じゃない。バスタオルは乾かす時に幅も取る。だったら臭いやつを使わせておけばいい的なね。主婦の発想って素晴らしい。それ聞いたらね、臭い用って言われているタオルのことが異常に愛おしくなりました。なんだか自分と被るというか。臭い用のタオルで体を拭きながら、そのタオルをギュっと抱きしめたくなったりしてね。

笑福が生まれてもうすぐで丸3年。笑福がうちに来てくれてから、このタオルだけじゃなく、家の中の色が随分変わってきました。リビングには笑福のおもちゃが増えて。寝るベッドも、まず笑福の寝やすさを考えて。冷蔵庫を開けると、笑福の食べるものを中心に置かれていて、僕の好きなものは奥にしまわれていたりする。

子供を育てることを中心に家が回っている。自分のスペースや自分のことは二の次。これって寂しく感じる人もいるかもですが、僕はね、ニヤニヤしてしまう。嬉しくて。ありがたいなって。

妻と交際0日で結婚したのが2002年。15年以上前。その時はね、僕も妻も勢いで結婚してしまったところも大きい。仕事のことしか考えてなかった僕が、妻と結婚して、人を愛することを教わり、愛しいとは何かを教わり、そんな僕らの所に赤ちゃんが来てくれたけど、空に戻っていった。その後、もう一度、赤ちゃんが来てくれたけど空に戻っていった。出来ることなら赤ちゃんが欲しいって強く願い。妻は妊活して、仕事を休んで。僕もそれをきっかけに、赤ちゃんを授かることがどれだけの奇跡かってことが分かったりして。そしてようやく授かった息子。笑うかどには福きたると願い、笑福と名付け。今はその言葉通りに、笑って僕らに福をくれている。

家の中の色がどんどん変わっていく。今は家に帰ると笑福がいて。でも、生きていると何が起きるかわからない。人生何が起きるかわからない。明日、僕が死んでしまう可能性だって0じゃない。妻が大きな病気にかかる可能性だってある。

妻と結婚してから、色んなことがありました。だから本当に思います。当たり前なんかない。今目の前にある日常、小さな幸せ、当たり前だと思っていることは一瞬にして壊れることだってある。だから今、目の前の当たり前に感謝をして。毎日、朝起きて元気に「おはよう」って挨拶してご飯を食べて抱きしめあって、夜寝るまで。こうしていられることに感謝して。

育児は育自だと言う人もいますが。まさに。大人になって自分が育つ機会ってなかなかない。そんな機会を与えてくれてありがとう。

育児って何かと考えたら。今の僕には。「育児とは命をつなぐこと」って思う自分がいます。生きていれば色んなことがある。きっと。でも、そんなときは家族3人で一緒に泣いて一緒に怒って、そのあと一緒にまた笑って。

笑福がいつか本気で愛する人と出会い、命をつなぐことが出来ますように。

父の気づき

育児とは、自分を育てること。

そして、命をつなぐこと。

自分の父から学ぶことが、まだまだたくさんある。

僕は4月25日生まれなのですが、僕の父と母も4月生まれ。今年の4月、母が72歳になった。母の母、つまり祖母が亡くなった年を超えたそうで。母に誕生日のメールをしたら、自分の母親が亡くなった年を超えることが目標だったとか。自分の中でそういう目標があったんだと少し驚いた。年を重ねるってそういうことなんでしょうね。

父は76歳になった。もう2年ほど癌と闘っている。この原稿を書いている時点では随分良くなっている。実は一年以上前に、医者から余命宣告をされた。僕と父、そして親戚の人にも一人立ち会ってもらい、病院の先生に話を聞いた。そこで結構厳しいことを言われて、この先の治療の話も説明された。そこで父は言った。「先生、とにかくどんな治療でもお願いします」と。父が目の前で「生きたい」という思いを強く訴えた。

ふと思うと、僕の父は僕の前で色んな感情を爆発させることは少なかった。僕のことを本気で怒ったのも一回。喜ぶのも、悲しむのも、怒るのも、その感情をおさえる人だった。

もしかしたら父親ってそういうものなのかもしれないが。だからこそ、父が強く、生きたい気持ちを訴えた時には、説明しようのない気持ちが僕の心の中に生まれた。

父が癌になった時。当然、死んでしまうかもしれないという選択肢が頭の中に浮かんだが、自然とそれを隅っこにおいやっている自分がいた。排除しようとしている都合のいい自分。それが医者の余命宣告により具体的になってくる。

父がこの世からいなくなってしまうかもしれない。

姉からその話を聞き、なるべく息子を父に会わせたいと思った。母に言われた。笑福に会うとお父さんは本当に元気が出るのだと。父は感情を大きく顔に出さないと思っていたのだが、笑福が生まれてからは、本当にうれしそうな顔を見せる。免疫が上がれば病気と闘える体になる。ある一日の免疫がグッと上がったことにより、病状が変わることだってあるだろう。

このタイミングで、笑福が僕らのもとに来てくれたのは運命だったのかもしれない。父に元気を与えるために。父は、抗がん剤などを含めて治療を行った。多分、辛いこともあったはずだが口に出さない。そして、薬が合ったのか、今、奇跡的にかなりよくなり始めている。本当に感謝です。

そんな中で思う。父は僕のことをどう思っているのか？　面と向かって聞いたこともないが、父が病気になってから考える。

僕の姉の次男は、生まれてからずっと大きな障がいを持っている。父は、自分の娘の子供が障がいを持って生きるとなった時、どんな気持ちだったのだろうか。その次男は高校生の年齢になり、話すことは出来ないが、父との距離感が独特だ。本当にバリアフリーというか。

次男も父のことをすごく好きなことがわかる。

父が僕の姉のことと姉の家族のことを、父親としてつねに静かに笑顔で受け止めていることを僕は本当に尊敬する。

そして僕のことをどう思っているのか？ 時折、「本当にありがとうね」と言ってくれるが、それが照れるし、なんだかちょっと刺さる。

僕は笑福が生まれて、笑福を毎日抱いて。ある時、笑福が、僕のおっぱいを噛みながら寝ていた時。僕のおっぱいからも母乳が出たらいいのにと本気で思った。パパはママにはなれないんだと本当に思った。僕の父も僕と同じようなことを考えたことがあるのかなと思ったりする。僕も父の胸を噛んだ時があるのかなと想像したりする。それを想像すると、改めて僕は父の子供なんだなと思ったりする。

父を見ていると、父親にしか出来ない受け止め方があるんだなと思う。それは自分が子供の時より、大人になってからのほうがよりわかる。

僕は放送作家一本でやっていきたいと21歳で決めた。まず母に相談したら、お父さんに言いなさいと言われた。放送作家だけでやっていくには大学を辞めなければならなかった。東京に行かせてくれたのも、大学に行かせてくれたのも父だ。それを裏切るような形になる。だけど父は僕の決断に対して、止めることはしなかった。人生のポイントで受け止めてくれるのは父親。

笑福がいつか大きくなり、人生のポイントに立った時、僕に意見を求められる時もきっとくる。その時自分はなんて言うのか？　言えるのか？

これから父と僕がたどっていく人生を、今度は僕が父親として笑福とたどっていくことになる。

僕は父親だけど、まだ子供なんだ。そんなことに気づくと、僕は子供としてまだ父から学ぶことがあるし、まだ学べる状況にあることを感謝する。

父の気づき

**親が生きている限り、自分が親になっても
まだ子供として学ぶことがある。**

profile

鈴木おさむ

放送作家。１９７２年千葉生まれ。
２００２年、交際０日で森三中大島美幸と結婚。
２０１５年、待望の第一子、笑福を授かる。
夫婦生活を描いたエッセイ「ブスの瞳に恋してる」は
シリーズ累計60万部を突破。

ママにはなれないパパ

2018年6月21日　第1刷発行

著者　鈴木おさむ

発行者　石﨑　孟
発行所　株式会社マガジンハウス
〒104-8003　東京都中央区銀座3-13-10
書籍編集部　☎03-3545-7030
受注センター　☎049-275-1811

印刷・製本　大日本印刷株式会社

ISBN 978-4-8387-3002-5 C0095

マガジンハウスのホームページ　http://magazineworld.jp/

Dad can't be Mam.
by Osamu Suzuki